KB103806

뉴벨업

뉴벨업

발행일 | 2022년 10월 12일

지은이 | 권건우 | 위종인 | 이서현 | 임건호 | 장정아 | 한동림

책임 기획 | 손유섭, 김민정, 박정주　　편집 | 이흥기, 안수현

디자인 | 흐 름

출판사 | 자 존　　출판등록 | 2020년 6월 2일 (제 000013호)

주소 | 부산 부산진구 서전로 8 6층 자존출판사　　홈페이지 | www.jajonbooks.com

이메일 | thsdbtjq96@naver.com

값 | 14,600원　　ISBN | 979-11-977424-8-4

뉴 벨 업

새로운 나로 도약시키는 6가지 방법

권건우
위종인
이서현
임건호
장정아
한동림

JAJONBOOKS

자 존 출 판 사

권
건
우

위
종
인

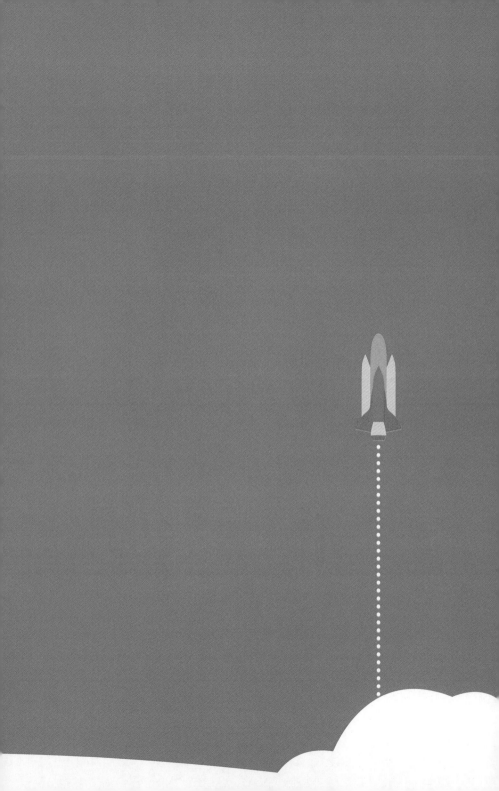

머리말

여러분은 3년 뒤, 어떤 사람이 되고 싶나요?
그리고 그런 사람이 되기 위해 현재 '어떤 방법'을 선택하셨나요?
자기계발, 자격증, 영어공부, 취업, 편입, 창업 등 다양한 방법을 선택하셨을 겁니다.

그런데 이렇게 생각해봅시다.
목적지까지 가기 위해 걸어서 가겠다는 방법을 선택했는데
걸어서는 도착하기 힘들겠다는 생각이 드는 거예요.
그때 여러분은 어떤 선택을 하시겠습니까?
더 빨리 뛰시겠습니까?

이 책에선 '새로운 선택'을 해야 한다고 말합니다.
기존의 방법을 그대로 유지한 채 '더 노력'하는 게 아닌
자동차라는 '새로운 단계'로 도약해야 한다는 거죠.

마찬가지입니다. 자동차로도 갈 수 없다는 판단이 선다면 더 빨리 주행 하는게 아닌
비행기라는 '새로운 단계'로 도약해야 합니다.
비행기로도 갈 수 없다는 판단이 서면 더 빠른 엔진을 다는 게 아닌
로켓이라는 '새로운 단계'로 도약해야 합니다.

혹시 목적지까지 가는데 어려움을 겪을 때마다
지금까지의 방법은 바꾸지 않은 채 '더 노력'만 하고 계신가요?
될 때는 방법을 달리 해야 합니다.

6명의 저자는 지금의 차원에서의 Level-Up 이 아닌,
새로운 차원으로의 도약을 위해 Newvel-Up을 위한 한걸음을 내딛었습니다.

이젠 새로운 '나'로 도약하는 6가지 방법이 하나씩 공개됩니다.

진정한 '나'로 가는 길

작가 / 권건우

한부모 가정에 교육과정 12년 중 11년을 공부란 것을 하지 않고 살았다. 사고란 사고는 다 치며 학생이라는 신분에 맞지 않는 행동을 했었다. 소위 말하는 '양아치'였던 나에게 '책'이라는 기회가 왔다. 하고싶은 것 하나 없던 내게 성공이라는 목표를 심어주었고 인생을 바꿔줬다. 내가 생각해오던 인생과 그들이 말하는 인생은 너무나 달랐고 나는 그들의 말을 믿고 따르기로 했다.

내 이야기가 다른 성공한 이들에 비하면 보잘 것 없다. 그치만 그들에게 배운 생각들을 적용했다. 나는 성공하기로 결심했고 확신한다. 아인슈타인은 "상상은 삶의 핵심이다. 다가올 미래의 시사회다." 라고 말했다. 내 이야기와 상상이 내 미래를 미리보는 시사회라고 생각한다. 내 이야기가 당신의 변화에 많은 도움이 되면 좋겠다.

진정한 '나'로 가는 길

1

불행을 '기회로'

'한부모 가정'이란 뭘까? 네이버 지식백과에 의하면 한부모 가정은 이혼, 별거, 사별, 유기, 미혼모의 발생 등을 이유로 부모 중 한 사람과 18세 미만의 미혼 자녀들로 구성된 가정이라고 한다.

그렇다면 우리나라의 한부모 가구는 얼마나 될까? 통계청에 따르면 한부모 가구 수 비율 2020년 기준 전체 가구 수 21,485명 중 1,533명이나 된다. 그런데 한부모 가정은 꼭 '나쁜 것'일까?

잊을 수 없는 기억

나는 어렸을 때 서울특별시 노원구에 살았다. 엄마와 아빠 그리고 나 이렇게 셋이 행복하게 살고 있었다. 그러다가 전라남도 완도라는 곳으로 이사를 왔다. 처음에는 원래 다니던 초등학교 친구들과 멀어진다는 게 아쉬워서 이사 가기 싫었다. 하지만 어쩔 수 없이 가게 된 완도는 생각보다 나쁘지 않았다. 완도에서의 삶은 행복한 기억만 있다. 당시 완도에서 좋은 아파트에서 살았었다.

초등학교 2, 3학년을 완도에서 보내고, 다시 서울로 이사를 왔다. 그때 온 곳이 서울특별시 강북구였다. 지금도 강북구에서 거주하고 있다. 잦은 이사로 친구들과 깊게 친해질 시간이 많이 없었다. 나는 처음 보는 친구들이 있는 학교를 다시 다녀야 한다는 것이 너무나 어색하고 부끄러웠다. 그렇지만 여러 친구가 내게 관심을 가져 주었다. 나는 친구들과 금방 친해졌다.

이사를 오면서 엄마와 할머니, 할아버지가 계신 집으로 왔다. 그런데 아빠는 같이 오지 않았다. 너무 어렸을 때라 기억이 잘 나지 않지만 별로 신경 쓰지 않았던 거 같다.

그렇게 초등학교 친구들과도 친해지게 되고, 행복하게 하루하루를 보내던 중이었다. 엄마와 밥을 먹으면서 너무 충격적인 얘기를 들었다. 고작 11살인 내가 엄마에게 들은 얘기는 엄마가 아빠와 이혼을 한다는 얘기였다. 이날 엄마가 내게 해준 이야기는 기억에 안 남을 수가 없었던 얘기다. 처음에는 당황해서 "장난치지 마. 무슨 이혼이야? 확실한 거야?"라고 물었던 거 같다. 하지만 엄마는 내 손을 잡고 진심으로 둘의 관계에 문제가 생겨서 이혼할 수밖에 없다고 했다. 어린 나는 가족이 갈라진다는 사실이 너무나도 슬펐다. 그래서 엄마 손을 잡고 울면서 "제발 엄마, 아빠 이혼 안 하면 안 돼?"라며 몇 차례나 빌었다. 하지만 어쩔 수 없었다. 그 이후로 나는 내가 불행한 가정이라고 생각했다. 엄마가 이혼한 이후 나는 아빠에 대해 물어보는 질문은 피하거나 둘러댔다. 지금은 두려움을 피하는 게 좋지 않은 선택이란 걸 안다. 하지만 어린 나는 그저 한부모 가정이라는 것이 쪽팔렸다.

제2의 버팀목

엄마도 혼자 돈을 벌어야 하니 나는 거의 혼자서 시간을 많이 보냈다. 중학교에서 나와 비슷한 가정에 있는 친구들과 많이 친해졌다. 진짜 가정보다 '친구'라는 '나의 두 번째 가정'에 정을 더 많이 쏟았던 거 같다. 공부는 하지도 않고 계속 친구들과 보내는 시간에만 에너지를 썼다. 나쁜 길로도 빠져버린 계기가 됐다. 하지만 한부모 가정이라는 내 타이틀은 절대 부끄럽거나 숨길 필요가 없는 것이다. 지금의 나는 오히려 부모님이 이혼하신 게 다행이라 생각한다. 혼자만의 시간이 많았어서 불행한 줄 알았지만 지금보면 좋은 점이 많다.

불행을 기회로 만들기

세계적인 방송인 오프라 윈프리의 청소년기를 알고 있는가? 그녀의 가정은 매우 가난했다. 아버지는 가정에 관심이 없었고 어머니는 생계를 유지하느라 일하기에 급급했다. 그녀는 공부와 독서를 열심히 해 명문 사립학교에 입학하게 되었다. 학교에서 그녀는 유일한 흑인이었고, 다른 백인 친구들은 부유했다. 그런 상황에서 그녀는 극심한 열등감과 좌절을 느꼈다. 심적으로 힘든 상황에서 집을 드나드는 사촌오빠와 삼촌에게 성폭행까지 당했다. 그런 상황에서 원치 않는 임신으로 출산한 아이는 2주 뒤에 세상을 떠난다. 이런 비극적인 사건보다 더욱 무서웠던 것은 그녀가 이런 고통을 일상적으로 받아들였다. 이런 일이 벌어진 것이 모두 자신의 탓이라고 생각하기 시작했고, 힘든 현실에 담배와 마약까지 한다.

하지만 그녀는 그런 끔찍한 과거를 숨기지 않고 받아들이며 자신이 성장하는 발판으로 삼았다. 끔찍한 트라우마를 극복하며 결국 역대 최고의 TV쇼인 오프라 윈프리 쇼 프로그램 진행자가 되었다. 오프라 윈프리는 한부모 가정이라는 상황보다 더욱 심각하고 견디기 힘든 상황이었다. 그러나 자신을 돌아보며 목표로 향해 가는 길을 절대 포기하지 않았다. 과거의 불행을 받아들이며 숨기지 않고 성장할 수 있는 기회로 바꾸었다. 내가 오프라 윈프리의 이야기를 한 이유는 나에게도 그녀만큼은 아니지만 힘들었던 때가 있었다.

어린 나이에 한부모 가정이 되었고 공부를 제대로 해본 적도 없고 할 생각조차 안 했다. 그렇게 허송세월 보내며 살았고 나는 미래 걱정조차 하지 않았고 그냥 '어떻게든 되겠지'라고 생각하며 초, 중, 고 12년 중 11년을 낭비하며 살아왔었다. 하지만 지금은 목표를 위해 열심히 달려가고 있다. 그녀처럼 상황이 극적이진 않았지만 그녀의 이야기가 큰 힘이 되었다.

불행과 기회 어디에 속할 것인가?

보도 새퍼의 〈이기는 습관〉이라는 책에서 기억에 남는 내용이 있다. 바로 "불행은 결코 혼자 오지 않는다. 반드시 기회와 함께 온다." 라는 문장이다.

나의 상황이 어떻든 내가 처한 상황 속에는 반드시 해결할 수 있는 기회가 있다는 소리다. 해결할 수 있는 기회를 넘어서 '성장할 수 있는 기회'도 있다. 음과 양이 있고, 기쁨과 슬픔이 있고, 삶과 죽음이 있듯이 '불행'과 '기회'가 있다. 불행을 기회로 바꿀 것인지 불행으로 남을 것인지를 두고 결단하지 않으면 똑같은 결과만 나오기 마련이다.

오프라 윈프리처럼 불행한 과거를 인정하며 그 속에서 기회를 찾는 사람이 되는 것이 좋은 선택이 아닐까? 현재 우리의 모습은 과거에 우리가 했던 생각의 결과다. 당신은 미래에는 어떤 모습이고 싶은가? 어떤 생각을 하며 어떻게 행동할지는 당신의 선택이다. 불행은 반드시 기회와 함께 온다는 것을 잊지 않았으면 한다. 오프라 윈프리의 과거는 끔찍했지만, 결국 그녀는 원하는 모습에 되었고 증명해냈다. 그녀의 과거는 매우 끔찍했지만 해냈다. 당신의 과거나 현재가 그녀보다 힘들지는 모른다. 하지만 그녀도 그런 과거에서 기회를 찾고 이겨냈다. 오프라 윈프리가 했으면 당신도 충분히 할 수 있다.

내가 세상을 보는 방식이 세상이 나를 보는 방식이다

전설적인 자기계발의 구루인 밥 프록터는 '인간은 태어날 때부터 프로그래밍 되어 태어난다'라고 하였다. 주변의 환경과 상대방을 통해 생긴 무의식적인 습관들, 행동 그리고 생각이 쌓여 하나의 패러다임이 만들어진 것이다.

예를 들면, TV에 하얀색 가운을 입은 사람이 광고한다고 생각해보자. 사람들은 무의식적으로 전문성이 있는 사람이라고 생각하며 광고하는 제품에 신뢰를 가진다. 나 또한 프로그래밍 된 관념으로 초등학교 시기를 보냈다.

'같이'라는 가치

부모님이 이혼을 하신 뒤로 매우 슬프고 힘들었지만 금방 적응하며 살아갔다. 초등학교 친구들과도 많이 친해졌고 그렇게 3, 4, 5, 6학년을 보냈다. 5, 6학년일 당시, 반에는 친한 반 친구들과 부모님들끼리 모이는 소위 '반 모임'이라는 문화가 있었다. 나와 친한 친구들의 부모님이 주로 반 모임을 개최하시는 분들이었다.

주로 반 모임은 부모님들끼리 술을 먹거나 밥을 드시고, 나와 친구들은 피시방이나 놀이터 같은 곳에서 노는 모임이었다. 어쩌다 한번 친한 친구가 같이 반 모임에 가자는 얘기를 했다. 대충 설명을 듣고 나는 좋다고 따라갔다. 그냥 친한 사람끼리 모이는 소소한 모임이지만 왜였을까? 내게는 너무나 행복한 시간이었다. 친구들과 같이 보내는 시간과 부모님들이 사주시는 음식들이 너무나 좋았다. 지금 생각해보면 부모님 없이 혼자 보내야 했던 시간이 많은 내게 혼자 있는 시간을 대체할 수 있는 '혼자'가 아닌 '같이'일 수 있는 자리여서 행복하고 재미있었던 거 같다.

시선에 대한 두려움

그 이후로 여러 번 반 모임의 자리가 있었다. 원래는 부모님도 같이 가는 게 좋지만, 이혼 후 엄마는 혼자 돈을 벌어야 해서서 시간이 없으셨다. 굳이 같이 가야만 하는 것은 아니었다. 나는 친구들과 부모님들에게 나의 상황을 들키고 싶지 않았다. 이혼을 해서 부모님 중 한 분과 사는 것은 흔히 일어날 수 있는 일이다. 하지만 나는 스스로 아빠가 없어 불우한 가정에 살고 있다고 생각하고 있던 것이다.

그냥 "나 엄마가 바빠서 혼자 갈래"라고 얘기했으면 좋았을 텐데 쪽팔림을 이기지 못했다. 그저 친구들이나 부모님들이 먼저 불러주기만 바랐다. 그리고 친구들이 집에 놀러 오고 싶다고 해도, 집에 누군가를 데려오는 것이 쪽팔렸고 내 집을 보여주기 부끄러웠다. 할머니, 할아버지랑 같이 사는 것이 일반적인 가정에서는 볼 수 없다고 생각했기 때문이다. 나는 나를 불행한 가정이라고 생각했다.

누군가가 나에게 직접적으로 세뇌를 시키거나 내가 배운 것도 아니었다. 그런데 나는 그냥 내 가정을 불행하고 쪽팔린 가정으로 생각했다. 밥 프록터가 말한 것처럼 '태어날 때부터 프로그래밍 됐다'는 개념과 비슷하다.

그렇게 '내면의 나'는 점점 불우한 가정이라 생각하도록 나를 몰아넣었다. 그리고 남들에게 '진정한 나'를 보여주지 않고 거짓으로 '포장된 나'를 보여주었다. 그럴수록 열등감은 커져만 갔고 남의 시선을 너무나도 신경 쓰게 되었다. 아직도 남의 시선을 신경 쓴다.

세상은 거울이다

나는 위의 이야기처럼 혼자보다 함께일 때 행복이 배가 되는 것을 소소한 모임을 통해 느꼈다. 하지만 시선에 대한 두려움도 함께 생겼다. 사실 아직 내 안에는 시선에 대한 두려움이 있고, 전부 이겨내지 못했다. 하지만 이 두려움을 이겨내기 위해 글을 쓰고 있고 '내면의 나'를 알아가고 있는 단계에 있다.

내가 좋아하는 형이상학자이자 강연자인 '네빌 고다드'의 여러 명언 중에 내게 크게 와닿았던 말은 "세상은 거울이다. 거울에 비친 내 모습을 바꾸려 애쓰지 말라. 힘으로 세상을 바꾸려는 자는 얼굴을 바꾸기 위해 거울을 부수는 것만큼 의미가 없다. 거울을 놔두고 얼굴을 바꿔라. 세상을 놔두고 자신의 관념을 바꾸어라."이다. 이 말은 내게 큰 충격을 주었다.

여태까지 나는 나 자신을 '원치 않는 존재'로 여겼으면서 세상은 나를 '원하는 존재'로 생각해주길 바랐던 것이다. 마치 반 모임에 불러주기만 바랐던 것처럼 말이다. 이 말을 들은 후 "내가 나를 보는 시선이 곧 세상이 나를 보는 시선이라면, 내가 남의 시선을 두려워할 이유가 있을까?"라고 생각했다.

예를 들어 자기가 소심하다고 생각하는 사람은 이미 자신의 이미지를 소심하다고 평가하고 소심한 행동을 한다. 식당에서 주문을 할 때도 "나는 소심하니까 주문을 못 하겠어." 혹은 "나는 소심해서 못 물어보겠어." 등등 자기를 이미 자신에게 "나는 소심하다."라는 정체성을 부여한 것이다, 그렇다면 상대방 또한 나를 소심하게 볼 것이다. 반대로 자신을 자신감 있는 사람으로 생각한다면 자신감 있는 행동을 할 것이다. 그리고 이미 내가 자신감 있는 사람인데 남이 뭐라 하든 신경 쓰지 않는다.

내가 그랬던 것처럼 남의 생각을 멋대로 판단하지 말았으면 한다. 상대방이 나를 이상하게 생각하는 게 아니라 내 생각이 나를 이상하게 생각하게 만든다. 내 부정적인 생각을 인지하는 것부터가 첫 번째라 생각한다. 내가 생각하는 내가 곧 세상이 나를 보는 시선이라고 생각한다면 세상을 보는 시선이 달라질 것이다. 모든 관념은 나의 '의도'에 따라 바뀔 수 있다는 사실을 잊지 말았으면 한다. 의미를 부여한다면 의미가 생길 것이고 부여하지 않는다면 그것은 아무 의미도 없는 것이다. 당신이 언제든 원하는 존재가 되었으면 한다.

3

플랜 A인가 B인가?

내가 중학교를 입학할 때쯤 나에게 '담배'란 정말 나쁜 아이들이 피는 것이었다. 실제로 그런 친구들을 중학교에 와서 만나니 너무 충격이 컸다. 진짜로 있을 줄 몰랐다. 당연히 그런 친구들을 좋지 않게 봤고 나는 절대 안 그러겠다고 다짐했다. 그런데 그랬던 내가 어쩌다 흡연을 했을까?

흔치 않은 경험

중학교에 입학할 때, 초등학교 때부터 친한 친구들이 많이 와서 학교생활에 어색함이 적었다. 처음 보는 친구들도 많았지만 그런 친구들과도 금세 친해졌다. 지금에서 생각해보면 가정환경이 비슷한 친구들끼리 친해진 거 같다. 그렇게 친해진 친구들은 담배를 피웠다. 나에게 친구는 가족보다 소중한 존재였다. 그러다 보니 나도 싫어하던 담배를 피웠다. 내게 소중한 사람들이 하니 나쁘다는 생각이 약해졌다. 공부는 하지 않고 노는 데 에너지를 썼다. 좋은 학생도 분명히 아니었다. 학교에서 말도 잘 듣지 않고 사고를 쳤으니 말이다. 하지만 평범한 학생들보다 더욱 다양한 경험을 했다. 친구들과 여러 곳을 놀러 다녔고 그 덕분에 세상에 다양한 것이 많다는 것을 알았다.

고등학교에 올라와서는 단체로 경기도 안성에서 자취방을 잡고 물류센터에서 알바도 6개월간 해봤다. 말고도 수많은 경험을 했다. 그래서 또래보다 돈에 대한 눈을 일찍 뜬 거 같다. 하지만 고등학생이 된 이후 불안했던 건 사실이다. 미래에 대한 두려움이 있었다. 미래가 걱정되기 시작했다. 나는 평범한 친구들에 비해 공부도 하지 않았고 마땅히 하고 싶은 것도 없었다. 친구들과 "미래에 뭐 해 먹고 살아야 할까?", "공부라도 지금 해야 되나?"라며 얘기했었다.

미래에 대한 걱정과 하고 싶은 것은 없었지만 가슴으로는 부자라는 자유로운 삶을 원했다. 아마 내가 한 경험 중 원하는 것에 소비하는 경험 하고 놀러 다니는 자유로운 경험이 제일 큰 기쁨이라 그런 거 같다.

오히려 좋아

내가 좋아하는 '상현남'이라는 유튜버가 있다. (상현남은 실제로 많은 부를 가지고 있다.) "플랜B가 당신의 인생을 망친다"라는 영상이 있었다. 영상의 내용을 짧게 요약하자면 '원하는 것을 자꾸 나중으로 미루고, 요즘 사회에서 말하는 좋은 대학 혹은 좋은 직장을 가는 것이 과연 인생에 행복을 줄까?'라는 내용이다. 내게 참 크게 와닿았다.

내가 만약 평범한 학생들처럼 공부하고 좋은 대학을 목표로 했다면 어땠을까? 다양한 경험은 해보지도 못한 채 공부만 하며 서울에 있는 대학교에 가야 한다는 목표로 살았을 것이다. 그리고 대학교 가서 10대 때 놀지 못한 것을 20대 때 풀기 시작할 것이다. 많은 시간을 낭비하면서 말이다. 그리고 직장에 취직을 후에는 월급을 받으며 집 한 채 사겠다는 목표를 잡고, 얼마나 걸릴지 모르는 시간을 일하면서 돈을 열심히 모았을 것이다. 어른들, 학교, 사회가 말하는 성공을 위해 살며 매일 불평하며 살았을 거다. 하지만 나는 10대 때 많은 경험을 해봤기에 내가 원하는 것이 무엇인지 정확하게 알 수 있었다.

경험이라 해서 꼭 거창할 필요는 없다. 새로운 분야를 공부한 혹은 평소 보지 않던 분야의 영상을 시청하는 것도 새로운 경험이다. 심지어 안 가본 동네를 산책하는 것도 하나의 경험이다. 다양한 경험을 한다는 것은 결국 뇌의 다양한 부분을 자극한다는 것이다. 그 말은 뇌의 다양한 부분을 사용한다는 뜻이다. 평생 수학을 공부한 A는 수학에 대한 생각만 한다. 하지만 영어, 과학, 국어 등등을 공부한 B는 다양한 과목에 대해 생각한다. 둘이 시험을 본다면 수학만 공부한 A에 비해 다양한 과목을 공부한 B가 평균점수가 높을 것이다. 공부의 관점에서 봐도 다양한 경험은 좋은 재료가 된다. 성공한 사람들이 다양한 경험을 하라고 강조하는 것도 그런 이유라 생각한다. 내가 공부는 안 하고 놀기만 했지만 다양한 경험들은 오히려 좋은 결과를 만들었다.

플랜B는 필요 없다

내가 전하고 싶은 이야기는 나처럼 나쁜 행동들을 하며 다양한 경험을 해보라는 것이 아니다. 나는 그런 계기를 통해 다양한 경험을 하게 된 것일 뿐이다. 그리고 굳이 거창한 경험일 필요가 없다. 세상의 다양한 흐름을 타다 보면 분명 가슴 뛰는 무언가를 찾을 수 있을 것이다. 사회가, 어른들이 말하는 성공은 좋은 대학에 가서 좋은 직장에 취직하는 것이다. 그게 나쁘다는 것은 아니다. 사람마다 성공의 기준은 다르니 ,그것이 성공이라 생각하면 그게 맞다.

하지만 나한테 맞지 않는 옷이란 생각이 든다면 나는 꼭 다양한 경험을 해보길 바란다. 나는 좋은 대학과 직장이 내게 맞지 않는 옷이라고 생각했고 다양한 경험을 하고 원하는 것을 찾았다. 이제는 플랜 A만 생각하고 있다. 당신의 인생은 그 누구보다 '자신'의 기준이 먼저다. 당신은 플랜A인가 플랜 B인가?

---- 4 ----

인생의 공략집

여러 성공한 사람들의 스토리 중 책이 빠지지 않는 이유는 무엇일까? 가끔 보면 책 한 권으로 인생이 바뀌었다니 또 이 책으로 몇억 자산가가 되었다고 말한다. 하지만 대부분 사람은 믿기 힘들어한다. '고작 책 몇 권으로 인생이 바뀐다니 말도 안 돼' 혹은 '이미 알고 있는 내용이야'라고 하고 말이다. 나 또한 그렇게 생각했다. 하지만 책을 읽고 내 인생은 크게 변했다.

내면의 가치

학생의 마지막 레벨인 고3, 고3이 됐지만 나는 여전히 공부는 안 하고 놀기만 했다. 전처럼 사고치고 놀지는 않았다. 평범하게 피시방 가서 게임하고 당구 치고 등등 매일매일 놀고 게임 하는 데 시간을 썼다. 그렇게 시간을 보내던 중 친한 친구A가 자기가 책을 읽는다고 나보고도 읽어보라 했다. 하지만 당연히 나는 책 읽기를 거절했다. 여태까지 내가 생각한 내 이미지와는 맞지 않으니까, 또한 재미없다고 생각했기 때문이다.

그런데 어느 날 친구 집에서 친구들끼리 있다가 친구A가 꿈이 없었는데 배우가 될 거라고 얘기를 했다. 어이가 없었다. '갑자기 배우를 하겠다고?'라는 생각이 들어서 물어보니 정말 진지하게 어렸을 때부터 멋있다고 생각했었고 직업이 정말 멋있고 매력적이라고 했다. 그렇게 친구들끼리 미래에 대한 얘기를 하다 한 친구가 집안 사정이 좋지 않다고 하며 눈물을 흘렸다. 나는 "걱정마. 다 잘 될 거야.", "너의 문제가 아니야."라며 위로를 해줬다.

하지만 친구A는 위로가 아닌 '방향성'을 제시해줬다. 상황이 이 지경인데도 직접 돈도 안 벌고 놀기만 하면서 그딴 불평은 하지 말라고 했다. 나였으면 지금 당장 일하러 나갔을 거라며 말이다. 그러면서 자기 인생은 자기가 만들어가는 거라고 했다. 친구라고 무조건 지지해주지 않고 현실을 알려줬다. 너무 멋있어 보였다. 외적인 가치만 추구하던 내게 처음으로 '내적으로' 사람 자체가 멋있다는 생각을 처음 해봤다. 너무나 충격적이었고 내 가치관에 금이 갔다. '책을 읽는다는 것이 사람을 이렇게까지 바꾸어줄 수 있구나'라고 생각했고 그때 책을 읽으려는 마음이 생겼다.

 그리고 그 친구가 배우를 위해 오디션을 본다고 같이 가달라고 해서 같이 갔었다. 정말 달라 보였다. 꿈을 위해 달려가는 모습이 너무나 멋있었다. 만약 친구A가 책을 읽지 않았으면 허송세월 인생을 보냈을 거다. 하지만 책을 읽고 자신이 원하는 삶을 살기로 결심했다. 나는 부자라는 자유로운 삶을 원하기만 했지 살기로 결심은 하지 않았었다. 다양한 경험은 했지만, 원하는 삶을 살 자신이 없었다. 하지만 친구A를 보고 나도 원하는 삶을 살 수 있겠다는 믿음이 생겼다. 그래서 나는 책을 읽게 됐다.

인생의 공략집

 성공한 사람들은 항상 책을 읽으며 책을 읽으라고 얘기한다. 너무나도 진부한 얘기라고 생각할 수 있다. 하지만 책을 읽은 뒤 성공한 사람들이 하는 비슷한 얘기들이 너무나 새롭고 힘이 됐다. 새로운 세계에 온 거 같았다.

'역행자'의 저자인 '자청' 송명진은 10대 때 외모, 돈, 공부 모든 면에서 최하위였다고 한다. 자신이 너무 낮은 수준이라 생각해 질투라는 감정조차 들지 않는 상태였다고 한다. 그런 사람이 어쩌다 읽은 책 하나로 '인생에도 게임처럼 공략집이 있구나'라며 깨달았고 삶이 180도 바뀌었다고 했다. 그 밖에도 수많은 성공한 사람들은 책을 읽으며 책이 중요하다고 얘기한다. 나 또한 책을 읽으면 인생이 바뀐다고 생각한다. 책을 읽으니 내가 어떠한 수준인지 알기 쉬웠다.

성공한 사람들의 마인드를 갖게 되었으며 세상을 어렵게 바라보지 않았다. 책은 여러 세대의 지식과 생각들이 압축된 것이다. 그래서 책 한 권에는 여러 사람의 지혜가 담겨있다. 책으로 나는 여러 성공한 사람들의 지혜를 내 것으로 만들었다.

여전할 것인가 역전할 것인가?

이제 책은 내게 물과 같은 존재가 됐다. 삶을 살아가는 데 없으면 안 되는 존재이다. 진리는 항상 단순하다고 한다. 여태껏 성공한 사람들 모두가 책을 읽으라고 한다. 성공이 목표라면 안 읽을 이유가 무엇인가? 그러나 책만 '읽는다'고 성공하는 것은 아니라 생각한다. 책에서 얘기한 지혜들을 어떻게 활용하는지에 따라 다르다고 생각한다.

읽기만 한다면 잊어버릴 확률이 높고 큰 영향을 미치지 못한다. 하지만 책의 내용을 내 인생에 적용하는 순간 큰 변화가 올 것이다. 햄버거도 빵과 패티만 있다면 심심하다. 하지만 양배추와 토마토, 여러 소스랑 조화를 이루면 최고의 맛이 난다. 책을 읽고 한 생각과 조화를 이룰 수 있는 것은 행동이다. 그래서 책을 읽는 것도, 책에서 말하는 것대로 행동하며 사는 것도 중요하다고 말하고 싶다.

책은 나에게 인생의 공략집이 되었다. 인생의 공략집이 있는데, 책을 읽지 않고 힘들게 살아갈 필요가 있을까? 당신은 여전할 것인가 역전할 것인가?

5

성공의 근본

책을 읽기 시작했지만 모든 게 순탄치는 않았다. 책은 읽었지만, 여전히 친구들과 노는 것에 빠져있었고 제대로 된 공부 하나 하지 않았다. 처음 읽어보는 책이라 읽었을 때 순간 벅차오르는 감정뿐 태도는 그대로였다. 그래도 전보다는 많이 바뀌었지만 어정쩡했다.

하지만 어떤 한 책을 읽고 난 뒤 나는 전혀 다른 삶을 살게 되었다. 그 책은 뭘까?

성공 비밀

어느 날 내게 책에 대해 알려준 친구A와 메시지를 주고받던 중 자기가 생각했을 때 〈시크릿〉이라는 책이 최고의 책이라며 소개를 해줬다. 처음에는 당연히 무슨 책인지 모르니 별 신경 쓰지 않았다. 이후 이런저런 애기를 하던 중 친구A가 그 책의 내용에 대해서 애기를 해줬다. 내가 상상하는 모든 것을 가능하게 해주는 비밀이 담겨 있는 책이라며 애기했다. 그리고 자기가 요새 불안함이 없고, 긍정적이며 기분이 좋은 이유가 시크릿의 내용을 활용해서라고 했다. 정말 궁금해졌다. '도대체 어떤 비밀이 담겨 있길래 그렇게 좋다고 애기하는 거지?'라고 생각했다. 이후 내게 〈시크릿〉을 빌려줄 테니 읽어보라고 했다.

〈시크릿〉을 받고 처음 읽었을 때는 너무나 진부한 내용 같고 무슨 소린지 이해가 안 갔다. 〈시크릿〉에서 말하는 비밀은 '끌어당김의 법칙'이다. 끌어당김의 법칙은 내가 원하는 걸 상상하고 이미 가진 것처럼 행동하면 그게 끌어당겨져 온다는 것이다. 굉장히 별거 아니었다. 그저 원하는 것을 상상하고 가진 것처럼 행동하는 것뿐이었다. 조금 허무했다. 뭔가 큰 비밀일 줄 알았지만, 추상적인 애기였다. 하지만 계속 읽다 보니 흥미가 생겼다. 여러 성공한 사람들도 끌어당김의 법칙을 사용했기 때문이다. 무엇보다 소수만이 알고 있는 '부와 성공의 비밀'이라는 말이 나도 이 비밀을 적용하면 성공할 거라는 기대가 생겼다.

〈시크릿〉을 접한 뒤, '끌어당김의 법칙'에 빠져들어 미친 듯이 관련된 영상을 유튜브에서 찾아봤다. 간절히 원하는 것을 상상하고 믿으면 이루어진다고 하는데 마다할 이유가 없었다. 그렇게 매일 〈시크릿〉에 관한 내용들을 접하면서 살았다.

상상의 힘

빌보드 최다 기록을 세운 래퍼 드레이크는 한 인터뷰에서 과거 애기를 했다. 드레이크는 어렸을 적부터 삼촌의 아우디를 타고 여자친구에게 "미래에 내가 살 집 보러 갈래?"라고 하며 현재 살고 있는 부촌을 드라이브했다고 한다. 드라이브하면서 그곳에 살고 있는 자신을 상상했다고 한다. 드레이크는 그 당시에는 현실이 아닌 걸 알지만 자신이 말한 집에 살 것을 알았다고 했다. 드레이크 또한 끌어당김의 법칙을 믿는다고 했다. 그는 자신이 원하는 삶을 상상하고 이미 가진 것처럼 행동했다. 결과는 상상하던 삶을 살고 있다.

일반적인 사람들은 "부자가 되고 싶어"라는 소망으로 그친다. 왜? 자기가 부자가 되는 것은 현실적이지 않다고 생각하기 때문이다. 하지만 드레이크를 포함한 여러 성공한 사람들은 소망이 아닌 결단을 내렸다. "나는 부자가 될 거야"라며 말이다. 그들은 현실이라는 한계에 자신을 가두지 않고 상상하며 이뤄냈다. 그들은 증명해냈고 보이지 않는 힘이 얼마나 중요한지 알려주었다. 무언가를 배우려면 이미 결과를 낸 사람에게 배우는 것이 가장 빠르다. 그래서 나는 이미 성공을 이룬 사람들에 말을 믿기로 했다.

성공은 선택의 영역

그들의 말을 듣고 생각해보니 성공은 어려운 것이 아니었다. 성공은 그저 선택의 영역이라고 생각이 바뀌었다. 내가 말한 것이 꼭 정답이 아닐 수도 있다. 하지만 여러 성공한 사람들이 강조하는 이유가 분명히 있다. 그렇다고 방구석에서 상상만 하라는 것은 아니다.

음과 양처럼 상상도 조화가 이루어져야 힘이 난다고 본다. 나는 여러 사람이 원하는 목표를 소망으로 끝내지 않고 이루어내겠다는 결심을 했으면 좋겠다. 나 또한 드레이크처럼 성공하기로 결단을 내렸다. 나를 보고 "너는 그들처럼 현실적으로 증명할 것이 없잖아?"라고 할 수 있다. 아인슈타인은 "상상은 삶의 핵심이다. 다가올 미래의 시사회다"라고 했다. 내가 하는 상상이 내 미래를 증명하는 증거이다. 그렇다면 남은 결과값은 성공밖에 없다. 당신도 상상하는 대로 원하는 존재가 될 수 있다.

결과 "를"
생각하지 말고
결과 "로부터"
살아라

- 권건우 -

더 단단한 나로 거듭나다

작가 / 위종인

당신에게 가장 중요한 사람은 누구인가? 나는 '나 자신'이 가장 중요했다. 내가 가장 행복하고 싶었고 내가 가장 멋지고 싶었다. 그렇게 나를 위해 평생을 노력해왔다. 공부를 해서 그럭저럭 좋은 대학을 갔다. 성공하기 위해 책도 많이 읽었다. 솔직히 살기는 편했다. 노력한 만큼 세상이 나를 인정해줬다. 그러나 혼자 사는 세상이 아니다. 나는 고개를 들고 주위를 둘러봐야 한다. '행복한 나'를 넘어 '행복한 우리'를 위해 노력할 때다.

더 단단한 나로 거듭나다

1

놓치고 싶지 않은 '나의 꿈', '나의 인생'

꿈을 잃어버린 시대

우리는 모두 꿈이 있었다. 대통령도 되고 싶고, 가수도 되고 싶고, 축구선수도 되고 싶었다. 그런데 언제부터인가 이런 꿈을 말하면 비웃음을 산다. 몽상에서 벗어나 현실을 살라고 한다. 모두가 시험 점수나 가야 할 대학, 취업할 회사를 이야기할 뿐이다.

왜 이렇게 되었을까?

많은 이유가 있지만 부모님의 영향이 가장 크다. 90% 이상의 부모님은 사회가 정해준 길을 따라왔다. 우리는 부모님과 20년 이상 같은 공간에서 지내며 이런 사고방식을 내면화한다. 우리의 꿈은 어느새 사라지고 없다.

물론 모든 사람이 꿈을 버리는 것은 아니다. 누군가는 이 흐름에 저항한다. 누군가는 이도 저도 못하고 혼란스러워하기도 한다. 나도 혼란스러워했다. 이번 장에선 이 혼란을 벗어나기 위한 나의 몸부림을 보여주려 한다.

사라진 이정표

아동 심리학의 권위자 안나 프로이트는 "5세 이전에 성격의 대부분이 형성된다"고 했다. 5세 이전에 가장 큰 영향을 주는 사람은 바로 부모님이다. 우리 부모님은 두 분 모두 성실하시다. 나 역시 이런 부모님의 영향을 받으며 자랐다. 그래서인지 나는 지금 원칙주의 성향이 있다. 매일 하루가 비슷하다. 아침에 일어나서 책 읽고 운동하고 학교에 간다. 여행이나 맛있는 음식처럼 말초적인 자극을 크게 좋아하는 편도 아니다. 그래서 다른 사람들에게 '자제력이 좋다'라는 말도 많이 듣는다.

이처럼 나는 다소 모범적인 생활을 하고 있다. 하지만 마음속 깊은 곳에는 반골 기질을 품고 있다. 초등학교 5학년, 그러니까 나의 사춘기가 시작될 때부터였다. 그때부터 부모님이 심어준 생각들에 의구심을 품었다. 때마침 나는 이 시기에 축구에 미쳐있었다. 축구를 하며 가졌던 설레는 감정은 아직도 잊을 수 없다. 공을 차는 매 순간이 행복했다. 축구를 할 때는 모든 잡생각을 잊을 수 있었다.

부모님은 나의 이런 태도를 못마땅해하셨다.

"너 축구에 재능 없다."

"그걸로 밥 벌어 먹고살겠냐."

내 인생에서 처음으로 가장 큰 혼란을 맞았다. 한때 '절대자'였던 부모님도 사실은 내 앞길을 방해할 수 있겠다고 생각했다. 그래서 내 삶의 이정표가 없어진 듯했다. 그때부터 혼란스러운 시기가 시작되었다. 이 혼란스러운 시기는 거의 3~4년간 지속되었다.

고등학교에 들어가서는 공부를 시작했다. 성적이 오르고 부모님께 인정도 받았다. 혼란이 잠시 사라진 듯했다. 하지만 수능을 망하자 부모님은 더 이상 나를 인정하지 않았다. 부모님이 인정했던 것은 내가 아니라 나의 '성적'이었다. 허무하고 외로웠다. 나를 지지하던 든든한 받침목이 빠진 기분이었다. 결국 나는 고민 끝에 부모님이 내 인생의 이정표가 될 수 없다고 결론지었다. 아직도 나는 나만의 길을 찾는 중이다. 안정적인 부모님께서는 이런 생각을 좋아하지 않으신다. 지나치게 몽상적이기 때문이다. 부모님은 '적당히 좋은 직장에서 밥 벌어먹고 사는 것'이 합리적이라고 생각하시는 분이시다. 그런데도 나는 생각을 바꿀 수 없다. 부모님을 사랑하지만, 나 자신보다 사랑하지는 않기 때문이다.

내 인생, '제가' 책임지겠습니다

김미경 강사님의 저서 〈드림 온〉에서는 '내 꿈의 훼방꾼, 부모를 울려라' 라는 구절이 있다. 이 책에 따르면, 많은 부모는 자신의 욕심을 자식에게 투사한다. 즉, 자식의 인생이 부모의 뜻대로 흘러가길 원한다. 우리 부모님도 그랬다. 어머니는 어릴 때부터 교육을 제대로 받지 못해 두고두고 서러운 일들을 겪었다. 어머니는 교육에 한이 맺히셨다고 한다. 그래서 나는 한 살 때부터 한글을 배웠다. 또한, 금융위기를 겪으시면서 더욱 안정적인 직업을 선호하셨다. 이 직업관은 나에게 지금까지도 투사되고 있다.

하지만 〈드림 온〉에서는 나의 인생을 책임져야 하는 사람은 부모님이 아니라 '나'라고 말한다. 부모님이 꿈을 반대한다면, 그냥 부모님을 울려야 한다. 이 책의 말대로 부모님과 다른 길을 가게 된 이상 나는 부모님을 울릴 수밖에 없다. 부모님이 내 인생을 책임질 수 없기 때문이다.

놓치고 싶지 않은 '나의 꿈', '나의 인생'

인생은 사실 행복하면 장땡이다. 부모님과 가치관이 같다면, 부모님 말씀대로 살면서도 행복할 수 있을 것이다. 아쉽게도 나는 부모님과 가치관이 같지 않다. 나는 안정적이기만 한 삶을 원하지 않는다. 훨씬 더 의미 있는 일을 하고 싶다. 이런 내 생각이 부모님 말씀대로 허울뿐인 몽상일지도 모른다. 그래도 내 발로 직접 꿈의 근처라도 보고 싶다. 나의 꿈이 그저 신기루일지, 정말 아름다운 보물일지는 가봐야 알 것 같다. 가보지도 않고 도망치면 후회할 것 같다. 놓치고 싶지 않은 나의 꿈, 나의 인생이다.

2

남이 아닌 '나'를 위한 인생

우리는 모두 인정을 원한다

사람들은 모두 인정을 원한다. 여자들은 남자친구에게 이렇게 물어본다.

"내가 예뻐? 카리나가 예뻐?"

남자들은 펀치 기계 앞에 서면 불도저로 변한다. 기록을 경신하려고 눈에 불을 켠다. 이처럼 인정 욕구는 사람들의 보편적인 욕구다. 그러나 인정 욕구에 중독되면 불행해진다. 이번 장에서는 인정 욕구가 불행을 가져오는 과정을 다룬다. 나아가 인정 욕구보다 먼저 추구해야 할 가치도 알려주고자 한다. 전 세계 90% 이상의 사람들이 이 가치를 제대로 보지 못하고 죽는다.

인정을 얻어낸 두 가지 수단: 축구와 공부

2013년 3월 2일. 내가 중학생이 되는 첫날이었다. 초등학생인 나에게 중학생이 되는 것은 엄청난 일이었다. 마치 해외여행 같았다. 낯선 환경이 주는 묘한 긴장감과 설렘이 있었다. 먼저 옆 짝꿍과 데면데면하게 인사를 나눴다. 이후 담임 선생님과 각 과목 선생님들의 인사를 듣다 보니 어느새 점심시간이었다. 나는 손을 씻으려 화장실로 향하고 있었다. 뜬금없이 덩치가 꽤 좋은 2~3명의 남자애들이 나에게 다가왔다.

"너가 축구 좀 한다는 개구나? 끝나고 축구나 할래?"
신기했다. 처음 보는 아이들이 나를 알다니. 나는 한편으로는 들떴다. 내가 굉장히 중요한 사람이 된 듯했다. 그날 이후로 나는 '축구 좀 하는 애'가 되었다. 중학교 3년 내내 축구를 할 때면 빠지지 않았다. 동시에 소위 잘나가는 친구들과 어울리는 특권도 누렸다. 나는 내심 그 상황을 즐겼다. 괜히 우쭐한 기분을 느꼈다.

하지만 나는 그 친구들과 진정으로 친하지는 못했다. 약간 겉돌았다. 그 친구들은 방과 후에 pc방에 가거나 골목길에서 시시콜콜한 얘기를 하며 시간을 보냈다. 나는 그런 활동들을 좋아하지 않았다. 시간이 아까웠다. 게임도 잘하지 못했다. 대화해도 재미가 없었다. 당시 친구들은 서로 편을 가르거나 서열을 정하는 일에 관심이 많았다. 나는 여기에 전혀 관심이 없었다. 나는 좀 더 생산적인 대화를 하고 싶었다.

중학교 졸업 후 나는 축구와 멀어지게 되었다. 자연스럽게 노는 친구들과도 멀어졌다. 내가 인문계 고등학교에 들어갔기 때문이다. 자연스럽게 공부에 더 많은 시간을 썼다. 공부로도 인정을 받고 싶었다. 하지만 공부로는 축구처럼 곧바로 인정받을 수 없었다. 공부를 예전부터 특출나게 잘했던 것은 아니기 때문이다. 하지만 이내 터닝 포인트가 찾아왔다.

고등학교의 첫 시험, 그러니까 1학년 1학기 중간고사가 끝나고 일주일 정도가 지난 뒤였다. 조회 시간에 담임 선생님이 이렇게 말씀하셨다.
"종인아, 너 이번에 전교 2등 했더라?"

교실 안의 분위기가 달라졌다. 모두가 놀랐다. 옆에 있던 친구들이 나를 축하해줬다. 짜릿했다. 중학교 입학식 날, 모르는 친구들이 나를 알아봤던 그때의 기분과 비슷했다. 하지만 훨씬 감동적이었다. 모두의 예상을 깨버렸다는 생각에 훨씬 통쾌했다. 게다가 밥도 굶어가며 공부했던 힘든 시간 끝에 찾아온 결실이라 더욱 기뻤다.

그 뒤로 나는 고등학교 3년 내내 공부에 전념했다. 고등학교 2학년 이후엔 전교 1등을 놓치지 않았다. 학교에서는 꽤 유명해졌다. 부모님도, 선생님도, 친구들도 나를 우러러봤다. 내 인생에 평화가 찾아왔다고 생각했다. 이때는 내 인생에서 가장 우쭐하게 살았던 시기다.

인정의 한계

나의 중, 고등학교 시절을 한마디로 말하면, '인정을 향한 몸부림'이었다. 하지만 이 인정은 결국 오래가지 못했다. 중학교를 졸업하고 축구와 멀어졌다. 그러자 축구에서 얻었던 인정도 사라졌다. 공부도 마찬가지였다. 나는 수능을 망쳤다. 고등학교를 졸업하고 공부로 인정받는 일은 거의 없어졌다.

만약 수능을 망치지 않았더라도 인정은 지속되지 못했을 것이다. 인정을 좇다 보면 '사회적으로' 좋은 일에만 집중하게 된다. 좋은 학교에 가고, 자격증을 많이 따고, 좋은 직장을 갖는 일들 말이다. 하지만 이를 쟁취할 수 있는 사람의 수는 정해져 있다. 결국 인정을 좇는 일은 무한 경쟁으로 이어진다.

정말 천재가 아닌 이상 이 무한 경쟁에서 계속 승리하기는 어렵다.

설령 승리하더라도, 장기적으로 행복한 길은 아니다. 끊임없이 자신을 갈아 넣어야 하기 때문이다.

토드 로즈의 명저 〈다크호스〉에서는 이런 사회를 '표준화 계약' 사회라고 부른다. 이 사회에서는 남들과 똑같되 더 뛰어나야 한다. 나도 표준화 계약을 따랐다. 나는 남들과 똑같이 공부했다. 하지만 더 뛰어났기 때문에 인정받을 수 있었다. 하지만 이 인정은 오래가지 못했다. 나는 언제든 더 똑똑한 학생으로 대체될 수 있다. 그것이 이 사회의 규칙이었다.

인정보다 중요한 것

사람은 누구나 인정받고 싶어 한다. 그러나 인정만을 좇다 보면 결국 불행해진다. 인정은 이처럼 참 역설적이다. 결국 우리는 자신이 진정으로 만족감을 느끼는 일에 몰입해야 한다. 인정받지 않아도 오랫동안 몰입할 수 있는 일 말이다. 인정은 일에 몰입한 결과로 따라올 뿐이다.

나는 이제 인정을 좇지 않는다. 나는 이 글을 쓰면서도 인정을 좇지 않았다. 나에게 정말 소중한 메시지를 전했을 뿐이다. 만약 이 메시지가 누군가에게 영감을 줄 때, 나는 인정도 덤으로 받을 것이다. 나는 앞으로 할 모든 일에 이런 태도로 임할 것이다. 이것이 내가 세상에 쓰임 받는 방법이다.

독서는 나의 힘

성공한 사람들 따라잡기

성공한 사람들의 공통점이 무엇인지 아는가? 성공한 사람들은 하나같이 '독서광'이다. 그들이 독서를 어떻게 생각하는지 살짝만 살펴보자.

"하버드 졸업장보다 독서 습관이 소중하다" - 빌 게이츠
"독서를 이기는 것은 없다" - 워렌 버핏
"독서가 나의 인생을 바꿨다." - 오프라 윈프리

나는 사회적으로 성공한 인물은 아니다. 하지만 나는 책을 좋아한

다. 1년 전부터 책을 읽기 시작해서 약 100권 정도의 책을 읽었다. 이만큼 책을 읽으니 성공한 사람들이 왜 그렇게 책을 읽었는지 이제야 조금은 이해가 간다.

나는 처음부터 애독가는 아니었다. 어릴 때는 부모님께 "책 좀 읽어라."는 소리를 들었다. 고등학교에 다닐 때는 국어 성적이 도통 오르지 않아 속이 탔다. 아무리 읽어도 지문이 이해가 가지 않았다. 이랬던 내가 책을 읽게 된 계기가 있다. 이번 장에서는 이 계기와 함께 내가 알게 된 독서의 가치를 말하려고 한다. 이번 장을 읽으면 성공한 사람들이 왜 책을 많이 읽는지 알 수 있을 것이다.

독서하게 된 계기

지금 여러분의 고민은 다음 세 가지 중 하나일 것이다. 돈, 인간관계 또는 건강. 이 중에서 나에게 가장 큰 고민은 '돈'이었다. 사실 찢어질 정도로 가난했던 적은 없었다. 하지만 남들보다 형편이 어렵다는 것쯤은 어려서부터 느낄 수 있었다. 친구들은 유행하는 옷을 입었다. 해외여행도 갔다. 나에게는 상상도 할 수 없던 일들이었다. 이런 친구들이 부러웠다.

성인이 되어서도 돈에 콤플렉스가 있었다. 부족하게 살고 싶지 않았다. 그래서 알바를 쉬지 않고 했다. 알바는 아무리 해도 적응이 안 됐다. 출근 시간만 되면 몸이 천근만근이었다. 일을 바꿔도 마찬가지였다. 어른들은 이런 일을 평생하고 있다니 믿기지 않았다.

또 한편으로는 알바를 안 해도 잘 사는 친구들이 부러웠다. 친구들은 내가 느끼는 괴로움에 공감하지 못했다. 여유롭게 여행을 다녔고 주말에는 클럽에 갔다. 나는 이런 친구들을 보며 박탈감을 느꼈다. 부모님을 약간 원망하기도 했다.

다행스럽게도 지금은 이런 열등감을 많이 털었다. 바로 그 터닝포인트가 군대에서 읽은 책 한 권 때문이었다. 입대 전엔 군대에서 돈을 모아 전문직 시험을 준비하려 했다. 안정적으로 월 300~500만 원 받는 인생이면 꽤 훌륭하다고 생각했다. 하지만 상병이 되었을 때, 책 한 권을 읽고 생각을 바꿨다. 그때부터 내 인생은 바뀌었다. 그 책의 제목은 바로 〈부의 추월차선〉이다.

이 책은 내가 가난할 수밖에 없었던 이유를 명쾌히 짚어주었다. 이 책에 따르면 안정적으로만 살아서는 결코 가난에서 벗어날 수 없었다. 사업에 도전해야 했다. 이 책을 읽기 전까지 나에게 사업은 폭탄과도 같았다. 함부로 하다가 집을 날려버릴 거라고 생각했다. 하지만 이 책은 사업이 그렇게까지 위험하지 않다고 말해주었다. 설령 위험하다고 해도, 사업은 가난에서 벗어나기 위한 필수 관문이었다. 대안은 없었다. (지금은 생각이 다르다. 사업을 하지 않아도 충분히 잘 살 수 있다고 생각한다.)

당시 나에게 이 책은 보물 지도 같았다. 이 책을 보는 것만으로도 부자가 된 듯했다. 참 설렜다.

'드디어 지긋지긋한 가난을 벗어날 수 있겠다...!'

이 책에서 알려준 대로 나는 사업에 대해 연구하기 시작했다. 사업과 관련된 유튜브와 책을 계속 봤다. 그러다 한 사업가 유튜버를 알게 되었다. 이 유튜버는 성공하는 사람의 '사고방식'을 알려주었다. 그의 말을 들으며 신선한 충격을 받았다. 누구도 알지 못하는 성공 비밀을 파헤치는 기분이었다. 그때부터 이 사람의 성공 철학에 완전히 매료되었다.

그는 성공의 핵심으로 '독서'를 강조했다. 그때부터 나는 책을 본격적으로 읽기 시작했다. 처음에는 성공을 위해 책을 읽었다. 하지만 책을 계속 읽다 보니 어느새 독서 자체에 재미가 붙었다. 한 책에서 나온 내용이 다른 책을 읽으며 이어졌다. 또 내가 인상 깊게 읽은 책이 다른 책에서 비판받기도 했다. 이렇게 지식이 서로 맞물리며 확장되었다. 지금도 나는 독서가 참 즐겁다. 세상이 점점 더 넓게 보인다.

우리는 모두 틀렸다

사람은 모두 각자의 생각에 갇힌 채 살아간다. 자신의 생각이 틀렸다고 생각하는 사람은 잘 없다. 이를 잘 보여주는 실험이 있다.

실험은 두 명이 한 조로 진행된다. 한 명은 노래를 하나 떠올린 후 책상을 두드리며 그 노래를 연주한다. 다른 한 명은 책상 두드리는 소리만 듣고 이 노래를 맞춘다. 연주자들은 상대방이 노래를 맞출 확률을 50%라고 생각했다. 하지만 실제로 노래를 맞춘 비율은 오직 2.5%에 불과했다. 연주자들은 자신이 떠올린 노랫말을 다른 사람도 떠올릴 거라고 착각했다.

나도 이 실험의 연주자처럼 내 생각에 갇혀있었다. 책을 읽기 전에 나는 전문직이 최고라고 생각했다. 하지만 이는 나의 편협한 생각이었다. 책을 읽기 전에는 이 사실을 절대 깨우칠 수 없었다. 전문직을 준비하는 사람의 눈에는 전문직의 장점만 보이기 마련이다. 물론 전문직 준비가 나쁜 선택이라는 것은 아니다. 하지만 편향된 관점으로 내린 결정이 과연 얼마나 합리적일까? 더 현명한 사람들의 말을 듣지 않고는 좋은 판단을 내릴 수 없다.

독서의 가치

독서는 타인의 눈으로 세상을 보는 행위다. 일론 머스크의 책을 읽으면, 그의 눈으로 세상을 보게 된다. 공자의 책을 읽으면, 그의 눈으로 세상을 보게 된다. 다른 책들도 마찬가지다. 나는 책을 통해 많은 사람들의 눈을 빌렸다. 예전보다 세상을 보는 안목이 엄청나게 넓어졌다. 옛날에는 할 수 없던 수준의 생각을 하고 있다. 무거웠던 고민들이 점점 가벼워졌다.

물론 독서는 어렵다. 끝없이 생각해야 하기 때문이다. 하지만 그만큼 생각하는 힘을 기를 수 있다. 마치 근육 운동과 같다. 근육 운동은 힘들다. 하지만 힘든 만큼 근육이 성장한다. 독서는 뇌가 하는 운동이다.

오늘부터 하루에 10분이라도 책을 읽자. 독서량은 차근차근 늘려가면 된다. 일단 시작했다는 것이 중요하다. 지금 책상으로 가자.

4

시련 속에서 배우다

시련에 대처하는 두 가지 유형

누구나 살면서 한 번쯤 시련을 겪는다. 하지만 시련을 대하는 태도는 사람마다 다르다. 크게 두 가지 유형이 있다. 첫 번째 유형의 사람은 세상을 탓한다. 이들은 다음과 같이 생각한다.

"난 정말 최선을 다했어! 그런데 세상이 나를 배신했어!"

두 번째 유형의 사람은 자신을 돌아본다. 이들은 이렇게 생각한다.

"난 정말 최선을 다했어! 그런데 뭐가 문제였을까?" 두 사람 중 누가 먼저 시련을 극복할까? 당연히 두 번째 유형의 사람이다. 이들은 시련을 통해 더욱 성장한다. 시련이 다시 찾아와도 더 쉽게 극복할 수 있다. 지금의 나는 두 번째 유형이라고 생각한다. 하지만 처음부터 그랬던 것은 아니다. 두 번째 유형이 되기까지는 많은 노력이 필요했다. 이번 장에서는 두 번째 유형으로 나아가기 위한 나의 성찰 과정에 대해 말하려고 한다.

나의 위기

나는 어릴 때부터 호기심이 많았다. 그래서 아는 것도 많았다. 나는 아는 것들을 친구들에게 말해주고 싶어 했다. 딱히 친구들을 생각해서 그런 것은 아니었다. 아는 것을 말할 때 우쭐한 기분이 들었을 뿐이었다. 친구들은 그럴 때마다 '잘난 척하지 마라'고 했다. 나는 아는 것을 말하는 것뿐이었는데, 이것이 잘난 척처럼 보일 수 있음을 처음 느꼈다. 그 이후로 말 수를 줄이기 시작했다. 최대한 허세를 부리지 않으려고 했다.

하지만 고등학생이 되고 다시 허세를 부리기 시작했다. 고2 때부터 줄곧 전교 1등을 했기 때문이다. 아무리 허세를 부려도 모두가 인정해줬다. 우쭐한 기분이 극에 달했다. 이때 얼마나 허세가 심했냐면, 나는 전교 1등이었음에도 수시 원서를 안 썼다. (수시는 학교 성적을 이용해서 대학을 가는 전형이다.) "정시로 대학에 가야 진짜 실력이지!"라고 말하며 허세를 부렸다.

결과는 처참했다. 나는 수능을 망했다. 그렇게 쪽팔릴 수가 없었다. 부모님마저 더 이상 나를 지지하지 않았다. 어떤 친구들은 나를 비웃기도 했다. 괴로웠다. 하지만 야속하게도 학교는 잘만 돌아갔다. 누구도 내 괴로움을 대신할 수 없었다. 반면에 친구들은 수능이 끝나서 기뻐했다. 선생님들도 업무로 바빴다. 외로웠다. 세상은 나를 혹독하게 가르치고 있었다. 나는 세상의 중심이 아니라고.

부모님께서는 재수를 권했다. 형편없는 대학에는 차마 갈 수 없어서 재수를 시작했다. 하지만 공부를 하면서도 매일 마음이 무거웠다. 비싼 학원비 때문에 부모님께 죄송했다. 많은 돈과 시간을 들일 만큼 대학이 의미가 있는지 회의감도 들었다. 나는 공부하는 이유를 매일 고민했다. 고3 때처럼 '허영심'만을 위해 공부할 수는 없었다. 다른 사람들처럼 대학 자체를 목표로 삼지도 않았다. 대학보다 더 중요한 것이 있음을 어렴풋이 느꼈기 때문이다.

그렇게 하루하루 괴로워하며 3개월이 지났다. 어느 날 재수학원에서 양치하고 있을 때였다. 갑자기 울컥한 감정이 올라왔다. 고민을 끝내야겠다고 생각했다. 재수를 시작한 이상 공부를 그만둘 수는 없었다. 고민은 공부를 방해할 뿐이었다. 나는 긴 고민에 마침표를 찍었다. 그렇게 내린 결론은 '다른 것은 다 잊고, 매 순간 최선을 다해 공부하자'는 것이었다. 결과와 상관없이 치열하게 몰입한 경험 자체가 큰 자산이 될 거라고 믿었다.

그 뒤로 나는 마법같이 공부에 몰입했다. 어느 시기보다 치열한 1년을 보냈다. 아쉽게도 결과는 만족스럽지 못했다. 그해 수능도 성적이 썩 좋지 않았다. 그렇지만 아쉬움은 전혀 없었다. '진인사대천명'(사람의 일을 다 하고 하늘을 명을 기다린다). 결과는 하늘의 뜻이었다. 나는 최선을 다했기에 결과에 승복할 수 있었다. 재수는 나에게 대학 합격증보다 더 중요한 것들을 주었다. 나는 재수 덕분에 '인내심'을 길렀다. 목표를 세우고 그에 맞는 계획을 세울 수도 있다. 목표를 향해 달릴 줄도 안다. 이런 능력들은 지금 나에게 가장 큰 무기다.

위기에서 배운 것

2차 세계대전 당시 정신의학박사 빅터 프랭클은 수용소에서 혹독한 나날을 보냈다. 프랭클은 이 경험을 〈죽음의 수용소에서〉라는 책에 담아냈다. 이 책에 따르면 사람은 인생의 위기에서 삶의 의미를 찾아낼 수 있다고 한다. 나의 위기는 프랭클처럼 목숨이 걸려있지는 않았다. 하지만 20살 1년, 어떻게 보면 앞으로의 '인생'이 걸려있었다. 공부하는 의미를 치열하게 찾아야 했다. 그렇지 않으면 위기를 견딜 수 없었다. 시련 속에서는 평소보다 훨씬 깊게 고민한다. 이 과정은 성장의 밑거름이다. 나는 재수를 하며 처음으로 어른스러운 고민을 했다. 살아갈 방향을 스스로 정하려고 했다. 또 오랫동안 고민할 수 있는 끈기도 생겼다. 결과만 보지 않고 과정에 집중하는 지혜도 배웠다.

일체유심조

결국 모든 것은 마음먹기 달렸다. 위기는 '마음을 점검하라'는 신호다. 여러분은 어떻게 시련을 대처했는가? 스스로 진지하게 돌아보았는가? 세상을 탓하지는 않았는가? 어떤 마음을 갖는지는 여러분이 선택할 수 있다. 여러분의 위기는 어땠는지 생각해보라.

인생은 결국 끊임없는 선택의 연속이다. 여러분이 잘못된 선택을 하면 시련이 찾아온다. 하지만 기회는 또 온다. 시련을 오답 노트로 삼아 다음 기회에 더 좋은 선택을 할 수 있다. 시련을 우리의 스승으로 삼자. 나는 이 스승님 덕분에 앞으로 좋은 선택만 할 수 있을 거라 믿는다.

5

인생을 즐기는 법

세상을 바꾸는 책

3장에서 나는 책을 읽으며 크게 성장했다고 말했다. 여러분은 인상 깊게 읽은 책이 있는가? 만약 있다면, 그 책은 여러분의 인생을 크게 바꿨을 것이다. 이처럼 좋은 책은 누군가의 인생을 바꾼다.

그런데 이보다 훨씬 좋은 책이 있다. 이런 책은 한 사람의 인생만 바꾸지 않는다. 사회 구조를 통째로 바꾼다. 가령 애덤 스미스의 〈국부론〉은 자유 시장을 세웠고, 마르크스의 〈공산당 선언〉은 사회주의를 세웠다.

나도 세상을 바꾸는 책을 쓰고 싶다. 물론 위에서 말한 대철학자들에 비해 나는 매우 부족하다. 하지만 나도 '한 사람'의 인생은 바꿀 수 있다고 생각한다. 여기서부터 시작하고 싶다. 그러고 나서 나의 도움 덕분에 인생이 바뀌는 사람들을 조금씩 늘리고 싶다. 그렇게 차근차근 세상을 바꾸고 싶다. 이번 장에서는 내가 어떤 책을 쓰고 싶은지 말하려 한다.

경쟁이 없는 세상

우리는 끝없이 경쟁하며 살아간다. 나도 그랬다. 중고등학생 때는 가장 인기 많은 학생이 되고 싶었다. 공부할 때도 가장 높은 대학에 들어가고 싶었다. 하지만 경쟁으로는 행복할 수 없었다. 물론 내가 1등일 때면 잠깐 짜릿하긴 했다. 하지만 항상 1등일 수는 없었다. 경쟁은 제로섬 게임이었다. 내가 잘되면 누군가는 망해야 했다. 그 반대도 마찬가지였다.

나는 경쟁에서 탈출하고 싶었다. 누군가와 비교하지 않고 행복하게 살고 싶었다. 분명 그렇게 살던 때도 있었다. 어릴 때 축구를 하면서 그랬다. 나는 돈은 못 벌어도 좋으니 평생 축구만 하고 싶다고 생각했었다. 평생을 이렇게 살고 싶었다.

하지만 이런 생각은 너무 비현실적이었다. 현실에서 일이란 '먹고 살기 위해 하는 것'이었다. 이렇게 생각하니 참 권태로웠다. 어떤 일을 해도 별로 재밌지 않았다. 그나마 친구들과 노는 것이 가장 재밌었다. 하지만 성공한 사람들의 책을 읽으며 생각이 바뀌었다. 성공한 사람들은 일을 '먹고 사는' 수단으로 생각하지 않았다. 그들은 자신의 일을 정말 사랑했다. 또한 자신의 인생도 사랑했다. 사회가 이끄는 대로 자신을 내버려 두지 않았다. '남들이 다 하니까' 대학을 가고 취업을 하지 않았다. (이래서 성공한 사람 중에 대학을 중퇴한 사람이 많나 보다.) 그들은 자기 인생의 주인이었다.

이 사람들의 이야기는 나에게 신세계를 열어주었다. 앞에서 말했듯 나는 전문직 자격증을 빨리 따서 안정적으로 살고 싶었다. 친구들도, 부모님도 이런 삶을 최고로 여겼다. 그러니 나도 당연히 그런 줄 알았다. 하지만 먹고 살기 위해서만 일할 필요는 없었다. 성공한 사람들이 모두 그렇게 말하고 있었다.

지금 나는 성공한 사람들처럼 살기 위해 노력하고 있다. 내가 하는 일들을 진심으로 사랑하려고 한다. 학교에서는 감사한 마음으로 공부한다. 과외를 할 때는 학생들의 성적을 높이기 위해 치열하게 고민한다. 지금처럼 글을 쓸 때도 마찬가지다. 좋은 글을 쓰기 위해 끝없이 고민한다. 또한, 성공한 사람들처럼 내 인생의 주인이 되기 위해 노력한다. 가령 나는 예전처럼 친구들과 진로 고민을 나누지 않는다. 친구들은 내 인생을 결정할 수 없기 때문이다. 내 인생의 길은 내가 정한다.

이렇게 마음먹으니 모든 일이 즐거워졌다. 나는 시험을 위해서만 공부하지 않는다. 학교 공부 자체를 즐긴다. 과외를 할 때도 시간 가는 줄 모른다. 글을 쓸 때도 마찬가지다. 물론 지칠 때도 있다. 하지만 예전처럼 도망치고 싶다거나 권태롭다고 생각한 적은 정말로 없었다. 안타깝게도 주변 친구들은 이런 마음을 갖고 있지 않았다. 친구들은 시험 성적을 위해서만 공부했다. 알바를 할 때도 시간 때우기 바빴다. 나 역시 이런 인생을 살았기에, 친구들의 생각을 고쳐주고 싶었다.

하지만 내가 이런 이야기를 친구들에게 해봤자 소용이 없을 것이다. 당장 취업이 코 앞인데 쓸모없는 소리하지 말라고 할 게 뻔하다. 사람들의 생각을 바꾸기 위해서는 내가 먼저 성공해야 한다. 그리고 정식으로 책을 써서 내 이야기에 힘을 실어야 한다.

'하는 일을 사랑하자. 남들이 가는 길을 따라가지 말자. 그렇게 자기 인생의 주인이 되자.'

나는 이런 이야기를 담아 책을 쓰고 싶다. 사실 글로 쓰고 나면 너무 진부한 얘기다. 하지만 내가 언젠가 이 이야기를 힘있게 할 수 있을 거라고 믿는다. 이 책이 사람들의 삶을 바꿔줄 것이다. 결국 경쟁하지 않고 각자의 일을 사랑하는 세상이 올 것이다.

실현 가능한 꿈

이런 내 생각이 너무 뜬구름 잡는 얘기라고 생각할 수 있다. 그러나 해외에서는 이미 내가 쓰려는 책이 많이 나오고 있다.

먼저 알렉스 바나얀의 〈나는 7년 동안 세계 최고를 만났다.〉라는 책이 있다. 수많은 찬사를 받으며 베스트셀러에 올랐던 책이다. 이 책의 원제목은 〈제3의 문〉이다. 이 책에 따르면 성공으로 가는 세 개의 문이 있다. 첫 번째 문은 모든 사람이 줄 서서 가는 문이다. 이 문은 사회에서 정해준 방식으로 성공하는 길이다. 좋은 대학을 나와서 대기업에 취업하고 임원까지 승진하면 이 문으로 들어갈 수 있다. 두 번째 문은 VIP들을 위한 문이다. 소위 '금수저'거나 재능을 타고난 사람들을 위한 길이다. 이들은 별다른 노력 없이도 성공한다.

세 번째 문은 아무도 가지 않는 길이다. 뒷골목의 샛길로 빠져 창문으로 비집고 들어가야 한다. 남들이 가는 길만 보면 이 문은 보이지 않는다. 문 너머에 있는 꿈을 간절히 원하는 사람만 이 문을 볼 수 있다. 크게 성공한 사람들은 모두 세 번째 문을 열었다.

토드 오즈의 〈다크호스〉라는 책도 있다. 이 책에 따르면 성공을 위해 자신을 희생하는 시대는 끝났다고 말한다. 저자는 자신만의 동기를 따라서 일하다 보면 어느새 그 일을 잘하게 된다고 말한다. 이 책은 결국 이런 메시지를 전하고 있다.
'모든 사람'이 '세계 최고'가 될 수는 없다. 그러나 모두가 '최고의 나'는 될 수 있다.

나는 이 책들을 읽으며 많은 영감을 받았다. 하지만 이 책은 모두 외국책이라 한국의 실정을 완벽하게 반영하지 않는다. 4차 산업혁명을 거치며 변화하는 사회상도 반영되어 있지 않다. 나는 이 모든 조건을 반영하는 책을 쓰고 싶다.

우리 문화의 다음 단계

세상은 끝없이 진보한다. 과학, 문화, 사회 등 모든 분야에서 한 단계씩 전진한다. 나는 우리 문화의 다음 단계가 '각자 자기 일을 사랑하는 문화'라고 생각한다. 사실 과거에는 생계를 위해 일해야만 하는 사람도 있었다. 당장 먹고살기가 힘든 사람들이 많았기 때문이다. 그러나 지금은 그런 사람들이 별로 없다. 생계만을 위해 일하지 않아도 되는 세상이 왔다.

우리는 마음껏 우리의 일을 사랑할 수 있다. 우리의 인생을 즐기자. 그게 말처럼 쉽냐고? 그렇게 마음먹으면 된다.

모든 것은
마음 먹은 대로
— 위중인 —

나 너 그리고 우리

작가 / 이서현

나는 나를 모른다고 생각했다. 그러나 나는 나를 알고 있었다. 다만 나에 대해 '생각'하지 않았을 뿐이었다. 타인이 내 생각을 이해하지 못할 것이라 생각했다. 그러나 그들은 나를 이해할 수 있었다. 다만 내가 먼저 '선'을 그었을 뿐이었다.

세상은 옳고 그름으로만 이루어진 줄 알았다. 그러나 그것들은 뒤바뀔 수 있었다. 다만 내가 세상을 '규정' 시킨 것 뿐이었다. 글을 쓰니 나를 이해할 수 있었다. 나를 이해하니 너를 이해할 수 있었다. 너를 이해하니 우리가 되고 싶었다. '나'라는 '울타리'에 갇힌 이에게 '너'라는 '다른 세상'을 알려주며 '우리'라는 '새로운 세계'를 만들고 싶다. 이 글을 보는 이도 그런 생각을 해봤으면 좋겠다.

나 너 그리고 우리

1

사랑하는 이를 이해하기 위해 대화하자

  사람들은 누구나 자신만의 개성을 가지고 살아가며 다양한 사람들을 만난다. 자신과 비슷한 개성을 가진 사람도 만나고, 자신과 전혀 다른 개성을 가진 사람들도 만난다. 하지만 자신과 완전히 '똑같은 개성'을 가진 사람은 만나지 못할 것이다.

  그렇게 각기 다른 개성을 지니고 살아가던 사람 중에는 자신이 사랑하는 사람을 만나 결혼하고 자녀를 낳아 가정을 꾸려 살아가기도 한다. 각자 다른 개성을 가지고 살아온 이들이 낳은 자녀는 어떤 생각을 하며 인생을 살아갈까? 같은 부모 밑에서 태어나지 않는 이상, 각기 다른 삶을 살았을 테다. 그리고 같은 부모 밑이라도 각기 다른 생각을 하며 살았을 거다. 그래서 나는 18년간 우리 부모님 밑에서 어떤 생각을 하며 살아왔는지 이야기해볼까 한다.

사랑 가득한 내 가족

나는 외향적이고 적극적이며 사랑이 많은 엄마, 내향적이고 소극적이며 포근한 아빠 밑에서 자랐다. 그리고 자기 생각이 뚜렷하고 말을 잘 들어주는 남동생과 장난기 많지만 날 잘 따라주는 여동생이 있다. 각자의 개성과 생각이 달라 종종 싸울 때도 있었지만, 항상 행복했다. 나는 지금까지도 엄마와 여동생과는 뽀뽀하고, 아빠와는 껴안고, 남동생과는 한 가지 주제로 신나게 대화하며 장난을 친다. 이렇게 사랑이 가득한 가족들과 많은 사랑을 주고받으며 행복하게 자랐다.

사랑해도 생기는 갈등

그러한 가정 속에서 부모님은 우리가 다양한 경험을 하며 자랄 수 있도록 여러 곳을 데리고 다녔다. 어릴 때는 미술관, 과학관, 동물원, 식물원, 직업체험관 등에 데리고 가주셨다. 거기서 다양한 기법으로 만든 미술 작품들, 우주와 우주선, 다양한 바다 생물과 육지 생물, 다양한 곤충과 식물들, 여러 가지 직업 등을 보고 체험하며 다양한 것에 흥미를 느끼게 해주셨다. 또한 해운대, 경복궁, 전주 한옥마을, 금산인삼축제 등에 데려가서 우리들의 견문을 넓혀 주셨다.

내가 중학교에 들어갈 무렵부턴 우리 가족이 여행 갈 지역만 얘기해주셨다. 그리고 우리가 가고 싶은 곳을 조사하게 했다. 그 과정에서 우리가 자발적으로 생각하고 흥미를 갖도록 했다.

어릴 때는 마냥 놀러 가는 게 즐거웠다. 새로운 것을 접하는 게 재미있었다. 하지만 커갈수록 가기 귀찮은 마음이 생겼다. 그래도 우리가 다양한 경험을 하며 자랄 수 있도록 사랑을 퍼부어 주시는 부모님을 생각하며 감사한 마음으로 가기 위해 노력했다.

학교 시험이나 수행평가 준비로 바쁜 기간에 어딜 가자고 얘기를 하실 때도 있었다. 그럴 때면 애타는 내 마음도 모르고 하는 부모님의 말씀에 짜증이 났다. 그것으로 말다툼이 시작되는 경우도 있었다.

이 외에도 자신의 속마음을 대화로 풀지 않아 쌓인 것이 터지거나, 자신의 개성과 생각이 강해 상대를 이해하지 못해서 갈등할 때도 많았다. 서로 사랑하더라도 갈등은 생긴다. 이런 경우에는 어떻게 해야 할까?

상대의 입장에서 상대를 이해하는 것

2살 터울의 딸과 아들을 둔 어머니가 경험한 이야기가 있다. 딸이 3살이고 아들이 1살이었던 어느 날, 동생이 울자 누나는 자신이 가장 아끼는 장난감을 보여주며 달래려고 했다. 그러나 동생은 울음을 그치지 않았다. 그 뒤로 2년이 지난 어느 날, 이전처럼 동생이 울자 누나는 자신이 가장 아끼는 장난감이 아닌 동생이 가장 아끼는 장난감을 가져왔다. 신기하게도 동생은 저번과 달리 울음을 그쳤다.

위 내용에서 우리는 무엇을 깨달을 수 있을까? 그것은 바로 자신의 입장이 아닌 '상대의 입장'에서 생각하고, 상대를 이해해야 한다는 것이다.

이야기에 나온 누나는 처음에 동생을 달래기 위해 자신이 가장 아끼는 장난감을 가지고 왔다. 하지만 그 장난감은 동생에겐 필요하지 않았다. 다음에 동생이 또 울자 누나는 동생이 가장 아끼는 장난감을 가져왔고, 동생은 울음을 그쳤다. 바로 자신의 입장이 아닌 동생의 입장에서 생각하고 이해해서 필요한 것을 가져왔기 때문이다.

대화로 피어나는 사랑

아무리 사랑하는 사이라도 서로의 개성과 생각을 이해하지 못하면 갈등이 생긴다. 우리는 서로의 개성과 생각을 받아들여 이해하고 존중해야 한다. 그러기 위해서는 '대화'가 필요하다. 나는 말없이 타인의 마음을 알았으면 했다. 그러나 사람은 마법사도, 독심술사도 아니다. 상대의 마음을 쉽게 읽을 수 없다. 심리학자도 대화를 포함한 다양한 것들을 통해 대상의 심리를 알아내지, 그냥은 알아내지 못한다. 다시 말해, 대화를 하지 않으면 상대의 생각을 알 수 없다. 상대도 마찬가지다. 서로 대화를 하여 자신의 생각을 말하지 않으면 서로의 생각을 알 수 없다. 그렇기에 대화로 상대를 있는 그대로 이해하며 받아들이고, 자신의 속마음을 차분하게 털어놓는 태도가 필요하다.

　가족이든 친구든 사랑하는 이와 대화하는 시간을 늘리는 것이 어떨까? 날을 잡고 서로에 대해 깊게 대화해보자. 사랑의 시작은 상대를 아는 것. 대화로 상대를 알아가고 이해하다 보면, 서로 간의 사랑이 더 싹틀 것이다.

2

계속되는 성장

자신의 '학창 시절' 하면 무엇이 떠오르는가? 소풍 가서 친구들과 뛰어논 것, 시험 보기 3일 전에 벼락치기 한 것, 수업 중 졸던 친구를 선생님과 함께 놀린 것 등 각기 다른 기억들이 떠오를 것이다. 그러나 확실한 것은, 그 기억들은 자신에게 크든 작든 인상을 남겼을 거다.

사람의 뇌는 긍정적인 감정보다 부정적인 감정을, 좋은 기억보다 나쁜 기억을 오래 기억한다. 그렇기에 사람들은 좋았던 기억을 물으면 머뭇거리고, 싫었던 기억을 물으면 금방 대답한다. 학창 시절도 마찬가지다. 좋았던 일들이 대부분이겠지만, 인상이 강한 싫었던 일들이 많이 떠오를 것이다. 누군가가 "중학생 때 뭐가 가장 기억에 남아?"라고 묻는다면, 나는 부정적인 감정이 들었던 기억이 먼저 생각날 것 같다. 이번 이야기는 중학생 때 친구들을 보고 느낀 의문을 풀어가려 한다.

중학생 때의 기억

중학생 때를 생각하면 '무서웠다'라는 표현이 적절한 것 같다. 물론 내 주위엔 착하고 좋은 친구들이 많았다. 그러나 뒤에서 명백히 날 욕하던 친구도 있었기에 무섭기도 했다. 이러한 기억이 있어 고등학생이 됐을 땐 엄청나게 걱정했다. 하지만 그 걱정이 무색하게도 고등학교에서 그런 친구들을 아직까진 보지 못했다. '중학생 때와 지금이 이렇게 다를 수 있는 건가?' 싶을 정도로 내겐 색다른 충격이었다.

이해가 되지 않던 시절

나는 중학생 때 세상에는 정말 다양한 사람이 있단 걸 처음 알았다. 착하고 조용한 사람, 귀엽고 야무진 사람, 상대를 깔보는 사람, 상대를 싫어하는 티를 내며 보는 사람 등 다양한 사람들이 많았다. 내가 만난 가장 충격적이었던 사람은 '사이좋게 지내다가 뒤에선 그 상대를 욕하던 사람'이었다. 내 친구를 친구가 욕하던 모습을 나는 이해할 수 없었다. 이유가 있다면 모를까, 친구를 욕하는 데 누구나 인정할 수 있는 이유는 없었다. 그런 모습이 내겐 거리감을 느끼게 했다.

학교에서 학생들 사이에서 할 수 없는 이야기를 들은 적도 있다. 바로 음란물과 숙취, 담배에 관한 얘기다. 이것이 과연 중학교에서 학생들이 얘기할 수 있는 것일까? 미성년자는 술과 담배, 음란물 연관된 것을 할 수 없다. 몸에도 좋지 않기에 학교에서도 매년 음주, 흡연, 음란물에 대한 예방 교육을 한다. 그럼에도 불구하고 학교에서 쉬는 시간에 당당히 음란물에 대해 얘기하고, 숙취 때문에 머리 아프다고 말한다. 우리 학교 학생이 아파트 단지에서 담배를 피우다가 걸렸다는 얘기가 학교 내에 떠돈다. 성인이 아닌 청소년이 그랬단 것은 '법을 어겼다'란 것 아닌가? 한 번은 실수지만, 여러 번은 고의가 된다. 그러면 친구들은 '고의'로 법을 어겼다는 것이 된다. 고의로 법을 어기면서까지 했다는 게 난 이해가 되지 않았다.

한번은 학교 내에 "화장품 검사를 하다가 걸리면 선생님이 화장품을 압수한다."라는 소문이 돈 적 있다. 그 소문에 전교 여학생들이 화장품을 곳곳에 숨기며 대소동이 일어났다. 이런 상황이 일어나자 선생님이 직접 그 소문은 헛소문임을 밝히셨다. 이후에 친구들 사이에서 그 소문을 낸 주인공도 밝혀졌다. 내 친구였다. 친구의 이름을 들었을 때 나는 확신했다. 그 친구는 절대 헛소문을 낼 애가 아니라고. 맞다 해도 사정이 있었을 것이라고. 하지만 그 친구를 제대로 모르는 친구들은 그 친구를 욕했고, 몇몇 선배가 찾아와 그 친구를 위협하기도 했다. 나중에 그 친구의 얘기를 들어보니 그 친구도 다른 친구에게 들은 것을 반 친구에게 얘기했을 뿐이라고 했다. '잘 알지도 못하는 소문을 듣고 행한 사람'은 자신들인데, 잘 알지도 못하면서 학생들은 그 친구를 욕했을까? 난 그것을 이해할 수 없었다.

이렇게 중학생 때는 나에겐 무섭고, 이해할 수 없는 일들 투성이었다. 아직도 '왜 그랬을까?'란 의문이 사라지진 않았다, 하지만 그러한 상황이 왜 생겼는지는 알 것 같다. 바로 아직 '성장'이 덜 됐기 때문이다.

성장이 필요한 10대

청소년, 즉 10대 때는 성장하는 시기이다. 10대 때 가장 중요한 사춘기는 판단, 예측, 계획 같은 통합적인 조절 기능을 하는 전전두엽의 발달이 가장 필요한 시기라고 한다. 또한 아동기 때 최고치를 찍었던 도파민(의욕을 주는 호르몬)이 청소년기를 거치는 동안 감소한다고 한다. 그 결과 줄어든 도파민으로 인해 더 자극적인 것들을 찾게 되는 것이라고 한다. 이렇게 청소년들은 자신도 모르는 새 뇌 속에서 급격한 변화를 겪는 것이다.

급격한 변화를 겪고 있는 10대 때는 '불완전'하다. 성장하고 있는 과정이기에 불완전한 것이 당연하다. 자신이 아직 완전히 성장 되지 않으면 자신을 챙기기 바쁘다. 상대를 챙길 겨를이 없고, 상대를 받아줄 마음의 공간이 부족하다. 그러니 급격히 변하는 마음에 손바닥 뒤집듯 여러 얼굴이 나오는 것이다.

사춘기는 자극을 더욱 필요로 하고, 제대로 된 판단이 어려운 시기이다. 그러니 하면 안 되는 것을 알면서도 호기심이 이기는 경우가 있다. 새로운 자극이 '10대의 양심을 이긴다'는 거다. 그렇기에 잘못된 판단을 하는 경우도 있다. 성장이 덜 됐기에 판단의 기준이 흐려질 때가 많다. 또한 단순하게 생각해 오해로 인한 판단을 할 수도 있다.

함께하는 성장

10대의 시간은 '성장하는 과정'이기에 중요하다. 성장하지 않고는 완전해질 수 없다. 완전하지 않은 부분은 계속해서 고쳐나가야 한다. 이것은 남녀노소 불문하고 모두 그러하다. 어른이라도 성장이 덜 된

부분이 있을 거고, 어린아이라도 성장이 잘된 부분이 있을 것이다.

성장은 끊임없다. 사람이 완전해지려면 끊임없는 노력이 필요하다. 이러한 노력은 혼자 하려면 너무 힘들지 않겠는가? 하나가 아닌 둘이, 둘이 아닌 셋이 함께 성장한다면 더 좋지 않을까? 힘들면 서로 밀어주고 끌어주며 같이 성장하는 거다. 같이 성장하고픈 상대가 생각난다면, 성장을 위한 목표를 세워 함께 이뤄나가 보자. 그렇다면 어느 순간 나도, 상대도 엄청난 성장을 이뤘을 것이다.

3

아는 것과 모르는 것, 제대로 아는 것

내 눈앞에 벌레 먹은 과일이 있다고 생각해보자. 이 과일은 달까? 긍정적 혹은 부정적 대답으로 나뉠 것이다. 그 이유는 '벌레 먹은 과일이 더 달다'라는 사실을 아는지 모르는지의 차이 때문일 거다. 그 사실을 아는 사람은 이 과일이 달다고 생각해서 긍정적인 답을, 모르는 사람은 '벌레'라는 단어 때문에 부정적인 답을 했을 것이다.

이렇게 어떤 사실을 아는 사람과 모르는 사람의 생각은 다르다. 자기 자신도 마찬가지다. '모르는 것이 많을 때의 나'와 '아는 것이 많아졌을 때의 나'의 차이를 느낄 때가 있을 것이다. 나는 그걸 교회를 다니면서 많이 느꼈다. 교회에서 내가 뭘 느끼며 성장해왔는지 얘기해보겠다.

계속되는 생각의 변화

나는 엄마 뱃속에서부터 교회 말씀을 듣고 자랐다. 유치원에 다닐 때부터 기도와 찬양을 하는 게 일상이었다. 수요일과 일요일에 교회 가는 건 당연했다. 그때는 부모님이 가니 그저 따라갔다. 부모님과 어딜 나간다는 것이 마냥 좋았다. 교회에 가면 친구들과 놀 수 있으니 좋았다. '그저 좋아서' 교회에 가던 생각이 초등학교에 들어서면서 바뀌었다.

내가 유치원을 졸업할 때쯤 우리 집은 부산에서 인천으로 이사를 갔다. 당연히 교회도 옮겼다. 그러니 교회에선 처음 만나는 친구들 뿐이었다. 그 친구들과 친해지기 전에 초등학생이 됐다. 친하지 않은 친구들과 같은 공간에서 초등부 예배를 듣게 된 것이다. 갑작스럽게 변한 환경 때문에 교회 가는 것이 싫었다. 그러던 중 외할아버지가 일요일에 낚시하러 가자고 했다. 외할아버지의 꼬드김이 달콤하게 느껴졌다. 그래서 우리가 가는 걸 탐탁지 않아 하는 엄마에게 허락을 맡고 동생들과 외할아버질 따라가 놀다 왔다. 후에 따로 교회를 안 가고 놀러 간 것으로 엄마한테 혼났다. 그땐 이유는 모르겠지만 '교회는 꼭 가야 하는 거구나'라고 생각했다. 그런 생각을 가지고 '의무적으로' 교회를 다니다가 중학생이 됐다.

교회 안에서도 초등부에서 중고등부가 되었다. 중고등부가 되니 교회 프로그램에 참여할 다양한 기회가 주어졌다. 전부 처음 해보는 것들이라 신기해서 다 참여했다. 프로그램 중 말씀을 더 배울 수 있는 것도 있었다. 생각보다 힘들었기에 괜히 했다고 후회했지만 할수록 재밌었다. 내가 말씀을, 성경을 알아간다는 것이 느껴져 재밌었다.

그러던 중 프로그램에서 〈한 주의 말씀을 실천하기〉라는 미션이 나왔다. 그때 말씀은 〈항상 하나님께 감사하라〉란 내용이었다. 감사하는 건 자신 있었기에 온종일 하나님께 감사하다고 얘기했다. 작은 일이든 큰일이든 다 감사하다고 했다. 힘든 일이 생겨도 더 힘든 일이 생기지 않게 해주셔서 감사하다고 했다. 일주일 동안 실천하니 신기한 일이 생겼다. 매일 각기 다른 사람들에게 내가 선물을 받게 됐다. "감사하다"라는 말을 할 상황이 계속 만들어졌다.

아는 것에 의한 귀함

이걸 겪고 나는 '내가 말씀을 실천하려 하면 하나님께서 실천해야 할 상황을 더 만들어 주신다.'라는 걸 알게 됐다. 알게 되니 확실히 전보다 말씀을 더 귀하게 보게 됐다. 말씀을 귀하게 보니 내 신앙도 더 좋아졌다. 의무적으로 다니던 교회가 아닌, '내가 정말 좋아서 자발적으로 가는' 교회가 됐다.

어린 시절 말씀을 몰랐을 때와 지금 말씀의 힘을 알게 된 내 생각은 확실히 다르다. 교회 가는 것에 대한 생각이 달라졌다. 이렇게 아는 것과 모르는 것은 생각에 영향을 미친다.

그럼 모르면 어떻게 될까?

무지로 인한 오해

〈곶감과 호랑이〉란 동화가 있다. 어느 겨울밤, 배가 고픈 호랑이는 산에서 마을로 내려왔다. 마을의 집 중 아이 울음이 들리는 집이 있었다. 호랑이는 그 집 앞으로 찾아가 담장 밖에서 들려오는 얘기를 엿듣는다. 엄마는 아이에게 "밖에 호랑이가 와 있는데, 네가 계속 울면 호랑이가 잡아간다."라며 겁을 줬다. 그런데도 아이는 울음을 그치지 않았다. 호랑이는 그것을 듣고 아이는 자신을 무서워하지 않는다고 생각했다. 이번엔 아이 엄마가 "자, 곶감이다."라며 아이를 달랬다. 곶감을 받은 아이는 울음을 그쳤다.

그걸 들은 호랑이는 '곶감이 나보다 무서운 놈이구나!'라고 생각했다. 그리곤 두려움에 외양간에 숨었다. 그러던 중 외양간에 소도둑이 들어와 호랑이를 소로 착각하고 호랑이 등 위에 올라탔다. 호랑이는 깜짝 놀라 '곶감이 날 잡으러 왔구나!' 생각해 있는 힘껏 달려 나갔다. 호랑이가 밖으로 나가니, 달빛이 비쳐 소도둑은 자신이 호랑이 등 위에 탄 것을 알게 됐다. 달리는 호랑이의 등 위에 있던 소도둑은 빠르게 앞에 있는 나무의 가지를 잡고 벗어났다. 뛰어가는 호랑이를 보며 자신이 호랑이 밥이 되지 않음에 안도했다. 등 위가 가벼워진 걸 느낀 호랑이는 더 빠르게 달리다 멈췄다. 그리곤 자신이 곶감의 밥이 되지 않았음에 안도했다.

이 동화에서 호랑이는 곶감이 무엇인지 모른다. 그렇기에 그저 들리는 소리로 곶감을 무서운 것으로 단정 지었다. 모르니 '오해'한 것이다. 제대로 알지 못해 오해한 것이다.

제대로 아는 것의 중요성

난 아는 것과 모르는 것의 차이가 크다고 생각한다. 아는 것은 우리의 생각에 큰 영향을 미친다. 모르는 것으로 생긴 오해는 생활 속에 큰 결점이 될 수 있다. 그것을 방지하기 위해 배우는 것이다. 하지만 그냥 안다고 해서 그게 모르는 것보다 낫다고 생각하진 않는다. 사람들 대부분은 자기가 보고 들은 것을 그냥 받아들인다. 중요한 것이 아닌 이상, 그게 진실인지 거짓인지 따져보는 경우가 많지 않다. 그러니 흘러가는 소문만 믿고 받아들이기도 한다. 그렇기에 그냥 아는 것은 오히려 모르는 것보다 무섭게 느껴질 때가 있다. 하나를 알더라도 '제대로' 알아야 한다.

한 가지를 습득하더라도 여러 가지를 따져보거나, 내가 직접 경험하고 깨달으려 하는 습관을 들이면 어떨까? 그렇게 하면 '수박 겉핥기' 같은 습득이 아닌, 내가 '제대로 습득한 것'이 될 것이다. 모르는 것으로 인한 오해도, 그냥 알기만 하는 것의 허점도 사라진다. 내가 제대로 알고 있는 것만 남는 것이다. 이것은 나의 최고의 무기가 될 것이다.

4

내 속도로 천천히

　안개로 무성한 길을 가봤는가? 사방이 뿌예 한 치 앞도 보이지 않는다. 보이는 것은 내 발밑뿐이다. 앞으로 나아가도 이 방향이 맞는지 알 수 없다. 난 이걸 심리적으로 경험했다. 중학교 1학년 때, 그러니깐 14살 때 말이다. 14살이 무슨 일이 있었을까 싶겠지만, 내겐 엄청 힘들고, 혼란스러웠던 시간이었다. 내 인생 18년 중 14살 때는 다섯 손가락에 뽑힐만한 '암흑기'였다.

　누군가는 보고 '별거 아니네' 할 수 있다. 하지만 사람들의 위기는 그때마다 다 다르지 않은가? 내 위기는 다양한 사람들의 위기 중 하나일 뿐이다. 그걸 감안하면서 이 글을 읽어주길 희망한다.

힘들었던 학교 적응과 대인관계

나는 어릴 때부터 '새로운 것들에 적응하는 것'이 힘들었다. 사람이든 환경이든 다른 사람들보다 적응하는 게 느렸다. 대부분 사람은 적응할 때 짧으면 일주일, 길면 한 달 정도 걸린다. 친구 한 명 사귀는 것도 빠르면 하루, 정말 느려도 한 달 안에 사귀지 않는가? 나는 적응도 느리고, 낯도 가렸기에 항상 그 이상이 걸렸다. 교회를 옮겼을 때, 교회 친구들과 제대로 말을 섞기까지 3~4년 정도 걸렸던 것 같다. 또 나는 사람 이름을 외우는 것도 오래 걸린다. 학교에서 30명이 안 되는 반 친구들 이름을 모두 외우는데 기본 한 달 이상이 걸렸다.

낯도 가리고, 이름도 잘 못 외우니 친구 사귀는 것이 매우 느렸다. 3월에 처음 만난 친구들과 6월쯤에 친해지거나, 여름방학 이후 9월쯤에 친해지는 경우가 많았다. 이렇게 적응도 어렵고, 대인관계도 어려웠던 나에게 중학교 1학년은 암흑기였다.

중학교 1학년이 됐을 때 내 주변 환경은 빠르게 변했다. 새로운 학교, 새로운 환경, 새로운 친구들, 새로운 수업방식 등 많은 게 변했다. 교회에서도 초등부에서 중고등부로 바뀌어 거기에도 적응해야 했다. 빠르게 변하는 환경을 난 빠르게 따라가지 못했다. 내가 변화에 뒤처진 듯한 기분이 들었다. 다들 새로운 변화에 적응해 웃고 있었다.

하지만 난 그러지 못했다. 다들 잘 적응했는데 '나만' 그러지 못했던 사실이 싫었다. 적응하지 못하는 내가 싫었다. 어디에도 속하지 못한 내가 싫었다. 내게 버거운 세상이 싫었다. 그런 감정이 나를 스스로 낭떠러지로 떨어뜨렸다.

나는 나일 뿐이다

내겐 살아갈 가치가 없다고 느껴졌다. 내가 죽어버렸으면 했다. 죽으면 이런 고민 따위 안 해도 되니 편할 거라 생각했다. 어딘가에서 '7층에서 떨어지면 즉사한다'라는 말을 들은 적이 있었다. 우리 교회가 딱 7~8층에 있었기에 교회 베란다 난간에 자주 기대있었다. 나는 높은 곳을 무서워한다. 그런데도 난간 아래, 바닥을 보면서 내가 떨어지면 어떤 모습일지 자주 생각했다. 내가 죽으면 누군가가 슬퍼하긴 할까? 사람들이 나를 얼마나 빠르게 잊을까? 등 내 죽음에 대해 다양한 생각을 해봤다.

이렇게 여러 생각을 하면서도 시도는 해보지 못했다. 가족들 얼굴이 맴돌기도 하고, 살인하면 지옥 간다는 말이 떠올랐기 때문이다. 내 선택으로 가족들을 괴롭게 하고 싶진 않았다. 버거운 세상을 피하려고 나를 죽였더니, 눈앞에 보이는 것이 지옥이면 더 괴로울 것 같았다.

그래서 그냥 어떻게든 살아봤다. 내 속도로, 주변을 신경 쓰지 않고 살았다. 주어진 일을 하면서, 왜 살아야 하는지 작은 의미라도 부여하면서 살았다. 그렇게 살아보니 절대 적응 안 될 것 같던 것도 적응됐다. 책만이 내 친구일 것 같았는데 사람인 친구가 생겼다. 누군가의 도움의 손길이 오기도 했다.

굳이 다급할 필요가 없던 것이다. 내 속도로, 주변이 아닌 나를 바라보며 할 것을 하니. 시간이 해결해 주었다.

자신만의 속도

〈세상을 바꾸는 시간, 15분〉에서 이명수 심리기획자님이 나오는 편을 봤다. 그 영상에서 '민달팽이와 치타'에 대해 애기하시는 부분이 인상적이었다.

"민달팽이는 잎에서 다른 잎으로 옮겨가는데 1시간 이상이 걸린다. 치타는 1시간에 110km를 달린다. 우리는 그것들을 보고 잘못됐다고 생각하지 않는다. 그들의 속도가 그것이 맞기 때문이다. 자기 속도로 가는 모든 것은 언제나 옳다. 그리고 동시에 편안하다. 하지만 우리 세상은 어떨까? 우리는 민달팽이에게 치타를 롤모델로 삼아 전

력으로 달리라고 요구한다. 달팽이에게 "왜 그렇게 사냐. 열심히 살지 않냐."며 비난한다. 우리는 이런 것이 일상화된 세상에서 살아간다고 생각한다."

이명수 심리기획자님은 이런 것이 내 속도가 아니라 '남의 속도만' 강조하는 삶의 태도에서 비롯된 걸로 본다고 말했다. 사람들의 마음, 개별적인 영역을 놓치게 되면 어떤 사람에게는 굉장히 폭력적일 수 있다고 말했다. 나는 이 말이 내가 타인에게 그럴 수 있는 게 아니라, 내가 나에게도 그럴 수 있겠구나 싶었다. 그렇다면 내 속도대로 어떻게 살 수 있을까?

인정하며, 천천히 한 걸음씩

나를 인정하고 마음의 여유를 가지고 차분히, 내가 할 일을 하는 것이다. 나는 주변의 시선을 굉장히 신경 쓰는 편이었다. 나를 주변과 계속 비교하며 불안해하고 초조해했다. 그걸로 굉장히 스트레스를 받으니 그냥 내 속도로 내 일을 해봤다. 주변이 아닌 나와 내 일만을 바라보고 했다. 그러니 '나는 주변과 다른 것뿐이다'란 걸 인정하게 됐다. 인정하니 편했다. 천천히 내 속도로, 내가 할 일을 하니 마음의 여유가 생겼다. 여유가 생기니 자연스럽게 새로운 환경이 적응됐다.

시간이 지나 때가 되니 대인관계도 원만해졌다.

내가 느리다고 탓하는 게 아닌 '내가 이렇구나' 받아들이는 것이 중요하다. 나를 받아들이고 내 속도로 천천히 움직이는 게 중요하다. 내 속도로 할 수 없는 일이 많다면, 작은 것이라도 내 속도로 할 수 있는 일을 찾는 게 어떨까? 그렇다면 빠른 세상에서 사는 느린 나에게 위안이 될 것이다.

$$5$$

사랑을 주는 사람

"너는 꿈이 뭐야? 커서 뭐가 되고 싶어?" 이 질문을 누구나 들어봤을 것이다. 대부분 사람은 '장래 희망'을 생각하고 대답한다. 내 주변에는 자신의 꿈에 대해 확실히 말하는 사람은 드물다. 자신이 '어떤 일'을 해야 하는지, '어떤 사람'이 되고 싶은지 잘 모르기 때문이다. 심지어 그러한 상태로 대학에 가기 위해 학과를 정한다. 꿈이 확실하지 않는 이상, 돈을 잘 벌 수 있을 것 같은 직업을 생각해 학과를 정한다.

사람마다 꿈은 다르다. 그렇기에 누군가의 꿈을 들었을 때 그 꿈에 흥미를 갖게 되기도 한다. 그런고로 나의 꿈에 관해 얘기해보겠다. 누가 아는가? 내 꿈 얘기로 새로운 꿈을 갖게 될지.

나의 장래 희망

나는 어릴 때부터 '만들기'를 좋아했다. 종이접기, 프라모델 조립, 종이나 목재 모형 조립 등을 좋아했다. 좋아하기도 했지만, 그와 관련된 것에 손재주도 있었다. 유치원 때 한 번은 띠 골판지를 네모나게 접어 로봇 같은 걸 만든 적이 있다. 친구가 그걸 보곤 대단하다며 칭찬해줬다. 그때 굉장히 뿌듯했다. 내색하진 않았지만 되게 좋아했다. 그 이후로 만들기를 더 좋아하게 됐다. 만들기가 미술인 걸 알았을 때, 내 꿈은 '미술 선생님'이 됐다.

거의 초등학교 때까지 내 꿈은 미술 선생님이었다. 내가 다른 직업에 대해 잘 모르기도 하고, 한 번 정한 꿈이었기에 바꾸고 싶지 않았다. 하지만 저학년에서 고학년으로 갈수록 내 꿈에 대해 의문을 품게 됐다. 미술은 '만들기'와 '그림 그리기'가 모두 포함되지 않는가? 또 사람들은 미술 하면 그림을 많이 생각한다.

하지만 나는 만들기는 좋아하지만 그림 그리기는 그렇게 좋아하지 않았다. 내가 그림 그리기에 대해서 관심이 많지 않았고, 내가 그림을 잘 못 그리기도 하기 때문이었다. 주위를 둘러보니 나보다 그림을 잘 그리는 사람이 많았다.

그걸 인식하니 '그림을 잘 못 그리는 사람은 미술 선생님이 될 수 없을 거다.'라는 생각이 들었다. 그렇다고 해서 그림 그리기에 많은 시간을 쏟고 싶진 않았기에 미술 선생님이란 꿈을 포기했다.

내가 되고 싶은 사람

중고등학생이 되니 대학을 가기 위해, 취업을 하기 위해 빠르게 꿈을 정해야 했다. 학교에서는 우리가 진로를 잘 정할 수 있도록 진로 교육을 했다. 주로 심리검사, 직업 적성 검사 등을 실시했다. 또 4차 산업혁명으로 인해 생기는 직업, 사라질 수 있는 직업 등이 있다고 알려줬다. 우리는 이 과정에서 나는 어떤 직업이 적성에 맞는지, 이 직업이 미래에 사라질 수 있는지, 이 진로를 위해서 나는 어느 학과를 나와야 하는지 등을 생각해야 했다.

이런 과정에서 내가 어떤 직업이 적성에 맞는지 알 수 있는 건 좋았다. 그러나 이것들이 우리를 '획일화'한다는 생각이 들었다. 어릴 때는 모두의 꿈이 다양했다. 하지만 우리가 자랄수록, 현실을 알아갈수록 꿈이 비슷해지거나 사라졌다. 세상을 살아가기 위해 '내가 되고 싶은 사람'이 아닌 '내가 돼야 하는 사람'을 목표로 삶기 시작했다. 그러니 진심으로 하고 싶은 마음이 없어 진로에 대해 계속해서 방황

했다. 그래서 나는 '내가 되고 싶은 사람'에 초점을 맞춰 내가 뭘 좋아하는지 생각해봤다.

나는 누군가를 돕는 것을 좋아한다. 작은 간식을 나눠주는 것도 좋아한다. 내가 그 일들을 했을 때 좋아하며 웃는 사람들의 모습을 좋아한다. 내가 한 행동으로 좋아하는 사람들의 모습에 나는 행복을 느꼈다. 그렇기에 타인을 돕는 사람이 되고 싶었다. 나는 '사랑을 주는 사람'이 되고 싶다. 사랑을 주는 것이 우리 모두를 행복하게 만들 거라고 생각한다. 하지만 누군가가 보기엔 허황한 꿈일 수 있다. 타인을 돕고 사랑하는 것만으론 이 세상을 살아갈 수 없다고 생각할 수 있다. 정말 그럴까?

자신도 타인도 사랑하며 베풀기

애덤 그랜트의 〈기브 앤 테이크〉란 책이 있다. 이 책에선 주는 사람, 즉 '기버'가 어떻게 성공했는지 이야기한다. 이 책에는 "기버는 성공 사다리의 꼭대기와 밑바닥을 모두 점령한다."라는 문장이 있다. 가장 성공하는 사람도, 가장 실패하는 사람도 '기버'라는 것이다. 왜 그런 걸까?

차이는 '자신과 타인을 모두 고려하는 방식으로 베푸는가?'였다. 타인만 고려한 기버는 에너지가 다해 자신이 먼저 지쳐버려 실패했다. 하지만 자신을 돌아보며 에너지를 충전하고, 타인을 도운 기버는 성공했다. '타인만'을 사랑한 기버는 실패하고, 타인을 사랑하며 '자신도' 사랑한 기버는 성공했다는 것이다.

기다림의 시작과 끝, 사랑

어떤 사랑은 주면 바로 반응이 보인다. 어떤 사랑은 줬어도 반응이 오기까지 시간이 오래 걸린다. 마치 어린 왕자가 여우를 길들이기 위한 기다림과 같다. 그 기다림의 끝은 어린 왕자와 여우에게 많은 것을 주었다.

'사랑을 주는 것'은 허황한 꿈이 아니다. 사랑을 주는 것은 기다림의 시작일지 몰라도, 그 끝은 더 큰 사랑이다. 사랑을 주는 것은 타인과 자신에게 기쁨을, 활력을, 성공을 가져다준다. 누군가에게 사랑을 주고 그 사람이 좋아하는 모습을 에너지로 삼아보자. 그러면 왜 사랑을 주는 것이, 누군가에게 베푸는 게 성공이 되는지 알게 될 것이다.

그걸 알게 되면 내 세상이 반짝거릴 것이다. 누가 아는가? 내가 준 사랑이 내 세상에 더 큰 반짝임으로 나와 함께할지.

세상에 정해진 건 없다.
내가 '단정' 지었을 뿐이다.
단정은 나와 세상을
단절하는 큰 적이다.

- 이서현 -

KARMA

작가   /   임건호

'KARMA' 불교에서는 '업보'라고 한다.

열심히 살아왔다고 생각했다. 뼈 빠지게 노력했다고 생각했다. 착하게 살아왔다고 생각했다. 하지만 왜 이렇게 공허하고, 더 힘들어지는 이유를 생각했다.

왜 그만큼 돌아오지 않는 것인가? 더 노력해야 하는 것이었을까? 나쁜 업보만 쌓인 것일까? 얼마 전까지 헛살았다고 생각했다. 아니었다. 단지 나에게 오는 그 '좋은 업보' 들은 나에게 조금씩 쌓이고 있었다. 내가 준비되지 않아 업보가 나에게 오다가 멈추었다.

이젠 준비할 때다.

KARMA

1

작은 방

새 출발, 새 행복을 위해 선택한 재혼이지만, 꼭 겪게 되는 갈등 중 하나는 부모와 자녀 사이의 갈등이다. 부모와 자녀 간에 갈등이 생기는 원인은 말 그대로 '혼합' 가족이기 때문이다.

미국 오하이오 주립대학 클레어 더쉬 교수는 〈결혼과 가족 : 전망과 복잡성〉이라는 논문을 통해 지난 30년간 두 번에 걸쳐 미국의 5,000여 가구의 결혼 관계와 자녀의 성적 등을 조사한 결과 양부모든 홀부모든 상관없이 가정의 안정적 유지가 가장 중요한 것으로 나타났다. 재혼해 양부모가 되더라도 가정이 안정되지 않으면 자녀들이 힘들어하며, 홀부모 가정이라도 가정만 안정되면 자녀들의 성장에 더 좋은 것으로 나타났다.

그러나 나는 안정되지 않은 가정이었다.

아빠의 재혼

아빠는 내가 4살 때 지금의 새엄마와 재혼을 하셨다. 난 4살 이후부터 사진만 많았다. 그러다 보니 왜 4살 이전의 사진이 없는지 의문이 많이 있었다. 아마 아빠는 아기 때 사진을 그 집에서 가지고 오지 못한 죄책감 때문에 그때부터 사진을 많이 찍어줬던 것 같다. 내가 4살 때 외할머니한테 이런 얘기를 했다고 한다. "외할머니 저 엄마가 두 명이에요. 낳아준 엄마, 길러주는 엄마. 이렇게 두 명이요."

그 어린 나이에 아기 때 사진이 없던 것, 엄마와의 거리감, 엄마와 아빠의 결혼식 사진연도가 이상하다는 점 등등 여러 가지 증거를 찾아 내린 결론이었다. 그래서 그런지 남들은 잘 기억 못하는 4살 때 기억을 아직까지도 기억하고 있다. 그때의 감정까지도 생생하게 말이다.

7살 때 그 생각을 확정 짓는 일이 있었다. 친엄마가 나를 찾아와서 어디론가 데리고 갔다. 그리고 같이 놀이동산으로 갔던 것 같은데 자세히 기억은 나지 않는다. 아빠, 할아버지, 삼촌과 함께 친엄마 외가로 가서 다시 나를 데리고 오라고 난리를 치셨다고 한다. 그렇게 다시 집으로 왔던 기억이 있다.

친엄마와 새엄마

초등학교 2학년 때 엄마가 다시 나를 찾아왔다. 그때 당시 담임선생님도 내가 엄마와 만날 수 있도록 도와주셨다. 3일 정도 하교 후부터 학원 가기 전까지 엄마와 이모랑 짧은 시간을 보냈다. 이후 중학교 2학년 때 엄마가 또 찾아오셨다. 하지만 사춘기가 왔을 때여서 그런지 그냥 싫었다. 모든 것이 혼란스럽기만 했고 짜증만 나고... 심지어 초등학교 때 잃어버렸다고만 생각했던 엄마가 사준 선물, 담임선생님이 맡아두고 있었던 엄마의 편지 등등을 체육 선생님 편으로 받았을 때 모든 것이 다 싫었고 부담스러웠다.

그렇다고 새엄마랑 사이가 좋지도 않았다. 동생들과 나는 차이가 많았다. 난 뭐든 하고 싶은 일을 부모님에게 말할 때 조심스러웠다. 무조건 '안돼'였으니까. 난 초등학교 6학년 때 유도부에 들어가고 싶었다. (내 둘째 동생은 6살 때부터 체육관을 다녔다.)

당연히 말을 꺼내기가 무섭게 부모님께서 '안돼'라고 말씀하셨다. 너무 하고 싶었던 나머지 무작정 유도부에 들어가서 운동을 했다. 얼마 못 가서 반대에 부딪혀 당연히 그만두었다. 하지만 지금 생각해보면 내 첫 반항의 시작이 아니었을까 싶다.

난 동생들과는 달랐다. 사달라고 떼쓰지도 않고 독서도 많이 했다. 받아쓰기 100점부터 하라고 하면 다 하는 착한 아이였다. 부모님께서 나를 대하는 '태도'와 '말'이 일반적으로 동생들을 대하는 것과 다르다는 게 느껴졌다. 어떻게든 인정을 받으려는 생각이 강했다. 둘째는 책을 안 읽었다. 그래서 책을 많이 읽는다든지, 떼를 쓴다든지 받아쓰기, 100점을 받든지 해도 '잘했다.'라는 한마디가 끝이었다. 어떻게든 엄마한테 칭찬을 더 받으려고 했다.

20살이 되어서는 그 관계를 포기했다. 나는 관계를 위해서 일방적으로 갈구하는 것에 지쳤다. 둘째랑 셋째랑 나와 대하는 게 다르셨기 때문이다. 지금도 그렇다. 나는 가족에 대한 정이 많이 없다. 아빠는 공평하게 대한다고 해도 사실 금전적으로만 용돈만 한 번씩 더 주고 끝이셨다. 아빠도 사업이 바쁘다 보니. 정이 없었다.

계속해서 가족과 그런 사이가 지속되었다. 23살, 어느 날 저녁 홍대에 있는 술집으로 가는 도중 아빠께 전화가 걸려 왔다. 왠지 받고 싶지가 않았다. 아니나 다를까 친엄마가 아빠의 공장으로 찾아와 나를 이제 돌려달라고 했다고 하셨다. 그리고 나에게 의사를 물어보기 위해 전화를 한 것이었다. 친엄마는 함께 캐나다로 가서 내가 원하는 무엇이든 하란다. 공부, 일, 무엇이든… 거부감이 확 느껴졌다. 당시 메르스 자가격리에서 해제되어 기분 좋게 오랜만에 술을 마시러

가는 길이었다. 그런데 이런 얘기를 왜 해서 기분을 망치는 걸까? 염치없는 친엄마의 말이 너무 싫었다. 당연히 집에선 난리가 났다. 새엄마를 비롯해 외숙모부터 외할머니까지 전화가 오고 난리가 났다.

가지 말라고 하셨다. 다 키워놨더니 지금 와서 데려가겠다는 건 도대체 무슨 심보냐고 말씀하셨다. 맞는 말이다. 가족과 정이 없는 나도 그 정도의 인성이 막돼먹진 않았다. 그 이후로 친엄마는 중간중간 일방적인 구애처럼 나에게 선물, 용돈도 보내고 했다. 그러나 지금은 연락을 하지 않는다. 그 일이 있고 몇 년 후 새엄마가 조심스럽게 물어보셨다. "지금도 혹시 연락하고 지내나?" 친엄마와 연락을 끊게 된 사건을 얘기해주니 전화상으로도 점점 밝아지는 엄마의 목소리가 느껴졌다.

위로

어느 날 다온 작가 웹툰, 〈땅 보고 걷는 아이〉를 보게 되었다. 가족에 대해 생각했을 때 그전까지 복잡하고 다양한 감정들과 정리를 못했던 감정들이 웹툰을 보고 차곡차곡 정리되기 시작했다. 내가 왜 이런 감정을 느끼는지 작가와 상황은 다르지만, 이 사람도 나와 비슷한 감정을 느꼈다. 만화 한 장면 중 집이 어려워지자 점점 엄마는 신경질적으로 변했고 작은 실수에도 크게 혼을 냈다. 그리고 겨울이는 생각한다. 차라리 '차에 치일까? 그러면 불쌍해서 엄마가 봐줄지도 모르잖아.'라고 말이다. 상황은 다르다. 하지만 나 또한 똑같은 생각을 했다. 오은영 박사님의 〈화해〉라는 책이 있다. 어린 시절 받았던 상처에 대한 나의 감정을 마주 보게 한다. 그리고 매일 '나'를 용서하고 앞으로의 '나'를 안정감을 가지고 살아갈 수 있게 한다. 내가 왜 엄마에 대해, 가족에 대해 생각하면 그런 마음이 드는 건지 어린 시절의 나를 위로해주었다. 그리고 이해했다. 나의 행복을 먼저 생각하고, 사랑하게 만들었다. 평생 관계를 위해 노력할 필요가 없었다.

갑작스러운 불면증으로 찾게 된 의사. 처음에는 가족 관계 개선을 위해 이리저리 방향을 제시해주었다. 하지만 너무 불편하기도 하고 기일도 없었다. 하기 싫은 숙제를 꾸역꾸역 끌고 3년의 세월이 흘렀다. 그 뒤 나와 느꼈던 감정이 비슷했던 웹툰을 추천해 주셨다. 우연의 일치였을까? 다음 예약을 잡았는데 그날이 웹툰의 마지막 화였다.

담당 의사는 "웹툰 잘 봤어요. 오늘이 마지막 화더라고요? 정말 잘 봤습니다. 지금 혹시 부모님과 떨어져서 지내면서 불편하다고 느끼거나 외롭다고 느낀 적 없었어요?"라고 물었다.
"네. 한 번도 없었습니다."

"그러면 지금 이대로 지내도 괜찮을 거 같아요. 관계 개선을 위해 노력하지 않아도 될 것 같습니다. 본인 스스로 그렇게 해서 행복하다고 느끼고 제가 지금까지 보기에도 지금이 더 행복해 보여요. 그냥 이대로 거리감을 유지하면서 지내도 괜찮을 것 같습니다."

괜찮다

초등학교 때부터 난 작은 방에만 있었다. 다른 가족들은 거실에서 다 같이 TV를 볼 때 나만 방에 있었다. 가족 누구나 내 방에 들어오는 걸 싫어했다. 작은 방과 거실 사이의 복도가 그들과 나의 거리감이었다.

앞으로도 난 부모님과 각별한 사이인 사람들을 평생 이해하지 못할 것 같다. 나 또한 그들에게 이해를 바라지 않는다. 그들 또한 나를 평생 이해하지 못할 것이기 때문이다. 부모님과 정이 없는 게 이상한 것도 아니다. 내가 스스로 행복하다고 느끼고, 이대로 약간의 거리감이 있는 게 편하다면 그렇게까지 노력하지 않아도 된다. 그렇지 않아도 괜찮다.

2

대학? 취업?

대학이 과연 다일까?

한 뉴스 기사에는 대학 입학률은 '상승세'인데 청년실업이 '최악'이라고 한다. 2006년부터 2015년 취업 및 평생 교육과 같은 대학 졸업생 수를 통계 연보를 통해 보았다. 대학 입시 합격률은 점점 하락세를 보이고 있었다. 이는 고졸 직후 일자리를 찾아 대학에 진학한 사람이 급격히 줄었다는 뜻이다. 대학에 가서 하고 싶은 걸 찾으라고 했었다. 그렇지만 이게 맞는 것일까?

꼭두각시

난 운동을 하고 싶었다. 중학교 2학년 2학기 전까지만 해도 중간중간 학교 유도부, 농구부, 축구부를 다녔었다. 하지만 반대에 많이 부딪혔다. 유도부는 두어 달 후, 농구부와 축구부는 학교 행사가 끝난 후 그만뒀다. 왜 내 맘대로 하고 싶은 걸 정하지 못하는 걸까?

동생은 유치원부터 체육관을 꾸준히 다녔다. 다니게 된 계기도 단순하다. TV에 나오는 로봇 만화를 보며 할아버지를 향해 주먹을 휘두른 게 다였다. 억울했다. 난 더 잘할 수 있는데... 처음 유도를 배우면서 엎어치기에 성공했을 때 느꼈던 희열과 중학교 2학년 여름방학 친구와 함께 격투기를 배우면서 상대를 타격했을 때 그 전율... 등 모든 운동이 왜 가만히 있냐고 묻는 것만 같았다. 부딪혀보라고 말이다.

난 소심했다. 뭐든지 '안돼'를 외치는 부모님에게 내 의견은 그냥 묻혔고 소심해져만 갔다. 그러나 희한한 일이지만 사춘기가 나에게 도움이 되었다. 내 마음속 말은 대범하게 뚫고 나왔고, 하루가 멀다 하고 부모님과 많이 싸웠다. 그때 전문가의 도움도 받기도 했다. 난 반항이나 떼쓰기 등을 하지 않았던 착한 아이였으니까 말이다. 진로적성검사, 성격유형검사, 전문가와의 상담 등을 받았고 나의 결과는 불보듯 뻔했다. 원하는 결과를 얻었고, 체육관을 다니게 되었다.

중학교 3학년이 되어 고등학교를 결정 해야 했다. 그때 난 별일 없으면 바로 옆 건물 고등학교에 다니게 되는 거였다. 하지만 나의 생각은 달랐다. 나는 부모님께 다른 지역에 있는 학교에 가고 싶다고 말씀드렸다. 당연히 이번에도 물론 "안돼"라는 대답이 돌아왔다. '그래. 타지역 생활은 좀 그럴 수 있지...'라고 스스로를 위로했다. 체육관 – 학교 – 집 생활을 그대로 이어갔다. 하지만 이후 고등학교 3학년이 되었을 때 부모님에 대해 이해하고 있었던 것들에 철저히 배신당했다.

마음을 닫다

고3 때, 둘째가 중학교로 올라가는 때가 됐다. 근데 할아버지가 동생들이 시골이 아니라 더 큰 물에서 커야 하지 않겠냐고 하셨다. 곧이어 도시 쪽에 집을 사서 그쪽으로 이사를 하였고, 둘째와 막내는 도시로 학교를 갔다. 그때 그 황당함이란.. '난 뭔데 도대체?'라는 생각과 부정적인 생각만 가득했다. 난 원하는 대로 다 했는데 말이다. 공부도 중위권 유지하면서 내가 원하는 운동은 아니지만 그래도 나름 만족을 하며 다녔었는데 어이가 없었다.

그 절정의 끝은 고등학교 3학년 2학기 기말고사 2일 차 시험을 치고 나서였다. 시험을 끝내고 그 길로 바로 가출을 했다. 나중에 가족들이 왜 가출을 했냐고 물었다. 나는 19년간의 나의 감정들이 부끄러웠다. 그래서 친엄마 핑계를 댔었다. 대부분 사람은 '가출'에 대해 부정적이다. 하지만 나에게 있어 '가출'은 터닝포인트였다.

집에서 모두 쉬쉬하던 친엄마의 이야기나 집에서 조용히 지내던 나라는 사람에 대해 집안사람들이 다시 생각하게 만들었다. 거기에 더해서 내가 생각하고 있던 뜻을 밝혔다. 대학을 가지 않겠다고 말이다. 대학을 군이 안 가도 된다는 걸 느끼기도 했다. (주관적인 생각이지만) 해봤자 경호학과, 생활체육학과, 레저학과 등 사이트를 검색해보며 자세히 알아봐도 장점이 전혀 없다고 느꼈다.
친하게 지내는 친구들도 이렇게 말했다. "내가 대학에 할 수 있을까? 이걸 내가 진짜 원하는 건지 잘 모르겠어."라는 친구도 있었다. 아니면 그냥 공부를 잘하니깐 "나는 교대를 갈 거야." 하는 애들도 많았다. 영혼이 없는 느낌이랄까...?

난 경험을 쌓든가 자격증을 따야겠다고 생각했다. 그 길로 20살 5월부터 가출하듯 출가를 했다. 그리고 나중에 들은 얘기로는 둘째가 중2 때 오토바이로 사고를 쳤고, 고등학교 올라가서도 더 사고를 쳤다. 도저히 두고만 볼 수 없던 아빠로 인해 둘째는 다시 본가로 돌아와서 시골 고등학교 졸업을 했다고 한다. 그걸 듣고 더 어이가 없었다. 한 편으로는 뭔가 고소했다. 그렇게 믿던 둘째 동생에게 배신당한 게 아닌가. '내가 더 잘할 수 있고 심지어 잘하는데 그냥 날 믿어주지 왜 안 믿어줬을까?' 하는 분노와 시간 낭비했다는 허망함이 들었다. 그리고 '이젠 모르겠다. 신경 쓰고 싶지도 않다.'라는 마음과 함께 가족에 대한 마음의 문을 닫았다.

대학 = 답 ?

유명한 영화감독 임권택은 중퇴다. '식객'의 만화가 허영만은 고졸이다. 두 분의 공통점은 학력 콤플렉스가 있었다는 사실이다. 그것을 견디지 못했다면 두 분 모두 지금의 임권택, 허영만이 없었다고 한다. 그냥 묵묵히 자기 자리에서 열심히 했고, 자신감이 붙게 되었다고 한다. 허영만 선생님은 오래전부터 책상 앞에 '나보다 못한 사람은 없다.'라는 구절을 붙여놓고 있다고 한다. 자신의 오만함을 경계하는 문구라고 한다.

이 밖에도 아이유나 유승호, 수지와 같은 연예인이나 LG전자 부회장 조성진, 최현석 쉐프, 영화감독 류승완 등도 다 고졸 출신이다. 또한 롤은 하지 않아도 'faker'는 안다는 프로게이머 이상혁은 고등학교 중퇴다. 우리나라뿐만 아니다. 애플 창시자 스티브 잡스, 페이스 북의 마크 주커버그, 트위터 공동창립자 잭 도시, 마이크로소프트의 빌 게이츠 등 유명한 사람들도 다들 고졸이다. 그럼 모두 입 모아 말 한다. "그들과 우리는 다르다"라고. 그럼 무엇이 다른 걸까?

대학 ≠ 답！

2000년대가 되어도 대학은 아직 필수다. 보통 사람들은 그 분야 전 문가가 되기 위해 대학을 간다. 그러나 누구나 대학을 가서 전문가 가 되어 나오는 것도 아니다. 대학 가서 배운 지식은 모두 '죽은 지 식'이었고, 사회에 나와서 써먹는 지식은 거의 없다. 회사에 들어가 서 다시 배워야 한다. 대학을 나온다고 모든 사람들이 전문가가 되 어서 성공하는 것도 아니다. 그런데 대학을 왜 가는 것일까? 오히려 직접 현장을 발로 뛰어가며 배우는 '산 지식'들을 배운다. 왜 이렇게 되었을까?

대학을 가서 나와 맞지 않는다고 생각해 휴학을 하고 또는 중퇴를 해서 다른 쪽으로 알아보는 사람들도 많다. 내 친구들 또한 편입을 하거나 아예 중퇴를 하고 과와 전혀 상관없는 사무직으로 들어간 애 들도 많다. 대학이 전부 인 줄 알고 자기 성적에 맞는... 그냥 그저 그런 지방 대학교를 가서 아직까지도 후회하고 있다.

안전하지 않은 길

다수가 가는 길은 안전하다. 검증된 길이니 말이다. 그러나 고졸이나 이름 없는 대학 나왔다고 해서 성공하지 못한다는 그런 법칙 또한 없다.

한번 생각해보자. 만약에 그 길이 정작 나와 맞지 않는다면? 그냥 꾹 참고 가다가 나중에 그때 그냥 그만둘 걸 후회한다면? 정해진 길은 없다. 이것저것 경험을 하다 보면 나만의 새로운 길이 나타난다.

나 또한 여느 사람들과 다를 바 없이 '어디 대학을 가야 하나?', '무슨 과를 해야 하나?' 하는 고민이 많았다. 다른 친구들은 다 정했는데 왜 나만 하고 싶은 게 없을까 어떻게 해야 할까 초조함을 넘어 불안했고 예민함은 극에 달했다. 스트레스성 장염이 한 번 걸리고 나니 계속해서 찾아왔고 내가 좋아하는 운동 또한 제대로 집중하지 못했다.

모든 것에서 벗어나는 가출을 했을 때 정리가 되었고 나는 학교 친구들 사이에서 유일하게 대학을 가지 않은 아이였다. 그때 당시 대학을 포기하면서도 불안했다. 하지만 난 내 선택에 후회는 없다. 내가 선택한 길이고 내가 책임을 져야 하는 게 맞는 거니까.

3

경험해보자

 난 다양한 경험을 했다. 그 결과 '내'가 만들어지고 있다. 사회에 뛰어들었을 때 내가 가지고 있던 건 '뭐든 할 수 있다'라는 자신감이었다. 대학을 포기하면서 가족들과 가출하면서 나에게 등을 돌렸던 친구들에게 내가 선택한 것이 옳다고 보여주고 싶었다.

 하지만 현실은 그렇지 않았다. 옳다고 생각하고 행동했던 것은 사실 더 깊이 생각하고 겸손할 줄 알아야 했다. 말과 예의, 행동거지, 마인드 등등 배울 것들이 넘쳐났다. 호되게 혼나기도 하고 그 과정에서 울기도 하고 화가 나기도 했다. 난 남들이 생각했을 때 되게 다양한 일을 했다. 여러 가지 일들을 경험해보며 나에게 맞는 일이 무엇일까 고민했고 지금에 이르렀다. 그중 내 삶에 영향을 준 몇 가지 일을 얘기할까 한다.

보안 업체

처음 사회에 나와서 운동을 했으니 자연스럽게 보안 쪽에 관심을 가지게 되었다. 한 업체에만 있었던 건 아니었다. 처음에는 보안 말만 들어도 너무 멋있다고 생각했다. 그저 정장 입고 각 잡힌 그 모습 그리고 안전을 책임진다는 그 사명감으로 겉멋에 취해 일했다. 4년 정도 되었을까? 어느 순간 깨달았다. '비전이 없다'고 느꼈다. 한 번 보안 일을 겪고 나니 다른 일을 구하려 알바몬을 들여다봐도 내 눈에 보이는 것은 다른 보안업체 공고뿐이었다. 비전이 없다는 것을 깨달았어도 익숙한 것만 쫓아다니고 있었다.

스키강사

아는 형의 소개로 스키강사로 일하고 있던 형을 만나게 되었다. 그 형이 나를 좋게 봤는지 같이 일해보자고 얘기를 꺼냈다. 그때 난 익숙한 것을 벗고 싶었고, 새로운 것에 대해 갈망이 있었으니 좋은 기회라고 생각했다. 완전 초보자였지만 매일매일 타고 자격증도 땄다. 그리고 다른 강사님들을 만나 친해지면서 스킬을 점점 배워나갔다. 1년 차라 돈벌이는 되지 않았지만 새로운 세상에 눈을 뜨게 되었다. 스키를 탈 때 속도가 빨라지며 귀에 들려오는 바람 소리가 너무 좋았다. 그리고 나도 몰랐던 가르치는 재능을 발견하게 되었다. 처음에는 어색했다. 하지만 점점 스키를 타는 스킬이 나아지며 가르치는 질도 달라졌다. 2시간 동안 다른 사람을 가르치고 나서 사람들의 감사인사를 받을 때면, 나로 인해 그 사람이 안전하게 탈 수 있게 되었다는 뿌듯함이 느껴졌다.

비록 전 여자친구로 인해 시즌 중간 집으로 돌아왔지만 재밌는 경험이 되었다. 그리고 나의 취미가 생겼다. 그 후 매년 1, 2번씩은 꼭 스키장에 가서 지인들을 알려주고 같이 타고 놀고 오게 되었다.

헬스장 인포

한 헬스장 오전 인포 근무를 지원했다. 시간은 6시부터 13시까지였다. 당시 난 알러지성 천식으로 인해 9일간 입원 후 퇴원한 상태였다. 의사가 '절대적으로 안정을 취하고 격한 일은 하면 안 된다'라고 했다. 하지만 돈은 벌어야 했기에 간단해 보이는 업무로 지원한 것이다. 지하철이 다니는 시간이 아니라서 버스로 1시간 정도를 가서 헬스장 문을 열었다. 항상 같은 시간에 왔고 지각, 무단결근 없었다. 오전에 오시는 분들은 정해져 있다. 얼굴과 이름을 기억하고 친근하게 회원분들과 얘기를 하기도 했다.

어느 날 낮에 있던 실장이 그만두고 나서 대표가 나에게 실장직을 권유했다. 나의 장점이 책임감이라고 하면서 말이다. 그 전까지 대표가 나를 눈독 들이고 있었는데 회원 한 분이 고객의 소리에 나를 칭찬하는 글을 써놨고, 결정적으로 그게 방아쇠가 되었던 것 같다. 사실 난 별거 아니라고 생각했다. '그게 당연한 거 아닌가?' 하고 말이다.

실장직을 받아들였고 낮으로 시간대를 옮겼고 오전 인포가 새로 들어왔다. 그 인포는 자주 늦고 그 단순한 일들도 제대로 해내지 못했다. 그때야 깨달았다. '저게 책임감이고 한낱 별거 아닌 일이라고 생각하지 않고 최선을 다하면 기회는 알아서 찾아오는구나'라고 말이다. 그때부터 내 장점의 맨 첫 줄은 책임감이 되었다.

다양한 경험의 중요성

마리몬 다이아몬드(Marimon Diamond)는 이렇게 말한다. "만약 일생 동안 호기심을 유지하고, 늙어서도 새로운 환경 속에서 다양한 경험을 한다면, 뇌를 잃지 않을 수 있게 되는 것이다." 우리는 항상 경험과 관련해 이런 이야기를 듣고 산다. '살면서 다양한 경험을 해야 한다. 경험을 많이 해봐야 큰다. 특히 직접 경험하는 게 제일 중요하다.' 이처럼 경험을 많이 하는 것이 중요하다는 것은 모두 알고 있는 사실이다. 하지만 과학적으로 검증된 사실일까?

UC버클리대학교 심리학과에서 이를 증명할 재밌는 실험을 진행했다. 쥐를 두 집단으로 나눠서 각각 풍요로운 환경, 결핍된 환경에 배치했다. 풍요로운 환경의 쥐들은 다른 쥐들과 함께 생활했고, 매일 새로운 장난감을 제공하고 적당한 음식과 물을 주웠다. 반면 결핍된 환경의 쥐들은 혼자 생활하며 적당한 음식과 물만 제공했다. 결과는 어땠을까?

풍요로운 환경에서 지낸 쥐의 뇌는 결핍된 환경에서 지낸 쥐의 뇌와 큰 차이를 보였다. 다양한 경험을 한 쥐의 뇌 피질은 더 무거웠고, 빽빽했다. 피질은 학습, 기억, 운동, 감각 등을 관장하는 뇌의 부위다. 피질이 발달할수록 뇌는 고차원적인 기능을 수행할 수 있게 된다. 이는 쥐에만 해당이 되는 것이 아니다. 평생 많은 기술과 능력을 개발한 사람의 뇌는 그렇지 않은 사람들보다 뇌 구조가 복잡하고 무겁다.

그럼 우리는 어떻게 해야 할까? 뇌를 자극할 수 있는 새롭고 다양한 경험을 해보는 것이다. 인지 심리학자 김경일 교수는 "좋은 경험 NO! 다양한 경험 YES!"라고 하며 어쩌다 어른 강연을 시작한다. "다양한 경험은 지혜의 정점을 찾아가는 길이 될 수도 있다. 변화가 적다고 생각할수록 미래의 적응력이 떨어진다. 변화한다는 생각을 많이 해야 한다."라며 애플의 창시자 스티브 잡스도 다양한 경험의 중요성을 강조했다. 경험 부족은 연결성이 결여되기 때문이다.

~Ing

물론 지금 그때 일을 다시 생각했을 때 이해가 안 되는 부분도 있다. 여러 가지 불합리했던 것들, 나 하나 정도는 이긴다는 이상한 마음을 가지고 있는 5살 이상 차이 나는 선임들까지...

하지만 여러 직업 속에서 다양한 경험을 해보며 막연했던 나라는 사람이 어떤 사람인지 알아가고 있다. 내가 무엇을 잘하는지, 싫어하는지 나도 몰랐던 다양한 가능성을 알아갈수록 재밌고, 해보고 싶은 선택의 폭이 다양해졌다. 막연했던 20대 초반과는 다른 살아있는 느낌에 오늘 하루도 즐겁다.

EX-Girlfriend

나에게 있어 전 여자친구는 터닝포인트였다. 다수가 그러하듯 나 또한 전 여자친구로 인해 많은 것을 배웠다. 남들이 보기엔 흔한 연인 사이겠지만 우리의 관계는 흔하지 않았다. 왜냐하면 지금의 '나'를 있게 해준 장본인이기 때문이다.

내면을 똑바로 바라보다

1년 전만 하더라도 난 타인을 위하는 마음이 전혀 없었다. 사실 무거운 짐을 들고 있는 남을 보아도 아무 생각이 없다. 난 '방관자'다. 도와줬다가 보따리 내놓으라고 하는 기사나 영상들을 보고 '그냥 도와주지 말아야겠다.'라고 생각을 했던 사람이다. 흔히 얘기하는 '시간이 없어서..'라는 말을 달고 살았다. 그러나 항상 어떤 일이든 최선을 다한다고 생각했다. 한 마디로 그 이상 배울 것도 없고, 지금의 삶에 만족하고, 아무 준비 과정 없이 돈만 많이 버는 일확천금의 삶을 꿨다. 난 '나를 놓은 삶'을 살고 있었다.

만남부터 헤어짐까지 그 사람은 나의 그런 생각을 송두리째 바꿔놓았다. 같이 독서와 필사를 했다. 같이 새로운 여행과 경험을 했다. 어떤 사회문제를 주제 삼아 토론을 하며 생각을 나누기도 하였다. 그 과정에서 이분법적으로 나누었던 생각에 진한 회색이 생겼다. 모든 것의 초점은 자극적인 것만 가득했지만 차분함을 배우며 내면을 똑바로 바라보게 되었다. 나도 몰랐던 자기방어, 이기심, 호불호, 회피 등 외면하고 싶었던 약한 부분을 하나씩 깨닫고 극복하고 성장했다.

이 과정이 순탄치 않았다. 하루가 멀다시피 싸웠고, 서로에게 상처를 줬다. 하나부터 열까지 맞지 않았다. 자존감을 바닥으로 떨어지게 하였고, 가스라이팅까지 당했다. 그로 인한 스트레스로 몸도 마음도 너무 힘들었다. '내가 한 사람을 위해 이렇게까지 해야 하는 건가? 이건 진짜 아닌 거 같은데...'라는 생각만 했다. 그 과정에서 나의 새로운 내면을 발견하고 변화시킬 것들이 생길 때마다 그 사람에게 고마운 생각에 더 잘해주었다.

그렇게 급격한 성장을 이뤘고 불과 1년 만에 달라졌다.

성장을 느끼다

'부모님을 만나는 것'은 나에게 있어 회피 대상 1호였다. 만나기 싫었고 시간 내서 집에 오라고 할 때도 피했다. 그 사람과 헤어지고 난 뒤 어쩌다 집에 내려가게 되었다. 부산 지하철을 타고 집으로 가던 중이었다. '심장이 이렇게 뛰어도 사람이 살 수 있을까?' 싶을 정도로 빨리 뛰었고 식은땀이 났으며 몸도 떨렸다. 도망치고 싶었다. 집이 있는 역이 가까워질수록 머리가 새하얘졌다.

그런데 불현듯 '이건 성장의 일부다. 이로 인해 난 한 걸음 더 성장할 수 있다.'라는 생각이 들며 휴대폰 메모장을 켜서 감정 일기를 썼다. '이건 아무것도 아니다. 그냥 부딪혀보자. 형체 없는 두려움을 무서워하지 말자.' 등등 나를 응원하고 현재 느끼고 있는 그 감정들을 썼다.

그러자 모든 게 거짓말같이 없어지고 차분해졌다. 집에 도착했고 아무렇지 않았다. 불과 1년 전 부모님과 만날 때와 차원이 달랐다. 여유를 가지고 부모님, 동생들과 대화도 나누었다. 별거 아니었다. 난 한 단계 성장했다는 걸 느꼈다.

비합리적 신념

곽정은 작가의 〈곽정은의 사생활〉이라는 유튜브가 있다. 거기에 '상처 준 사람을 우아하고 간단하게 보내는 방법'이라는 영상이 있다. 영상에서 곽정은은 '비합리적 신념'이라는 것을 알려준다. 비합리적 신념의 대표적인 것들에는 다음 5가지가 있다.

1. 이 일은 일어나서는 안 되는 일이야
2. 내 인생에는 절대 이런 일이 벌어지면 안 돼
3. 사람은 무조건 신의를 지켜야만 해
4. 한 번 사랑했으면 절대 배신하면 안 돼
5. 너는 내 것이었으니 앞으로도 내 것이어야 해

굉장히 완고하다. '옳다, 그르다'로 양분하고 내가 경험한 상황을 보기 때문이다. 신의를 지키지 못하는 상황이 벌어졌을 때 무조건 나는 비합리적인 신념을 고수할 것인가? 아니면 '아, 저런 일들이 내 인생에도 벌어졌구나.'라고 한 번 수용하고 그것에 대해서 어떻게 대처할지를 묻는다. 어떻게 수용할지 그것을 생각해보는 것은 완전히 다른 문제다. 그 사건으로부터 계속해서 빠져나오지 못하고, 화난 감정, 속상한 감정 등 지속하게 되는 것은 '나의 신념, 가치관, 인지구조'에도 상당한 원인이 있다고 한다. 어느 정도 내가 비합리적인 신념을 갖고있는 것은 아닌지 다시 생각해보게 만든다. 보통 그 시련을 어떻게 극복했냐고 물으면, 자기 계발하며 극복했다 또는 다른 사람을 만나 극복했다고 한다. 사실상 우리가 경험하는 그 힘든 감정들은 비합리적인 신념에 상당 부분 근거를 두고 있을 수도 있다. 그렇기 때문에 이 신념 자체에 대해서는 하나도 돌아보지 않은 채 취미생활이나 자기 계발을 하는 것은 결국 내가 지금 느끼는 온전한 감정을 돌아보지 않으려는 '회피' 또는 '도피'의 과정일 수도 있다고 한다.

〈법화경-마음공부〉라는 책에서도 이와 같은 이야기를 한다. "실연과 파산은 슬픈 일이지만 두려운 일은 아니다. … 애초 그건 당신의 것이 아니었다는 뜻이다. 원래 당신 것이 아니었으므로 잃어도 상관없다. … 중요한 건 멈추어서 가만히 생각해보는 것이다. … 세상에서 절대로 잃어버리지 않는 건 바로 당신 자신이라는 사실을 안다면 세상의 득실에 연연하지 않을 수 있을 것이다."

두려워서 회피하지 말자

전 여친은 조울증이 심한 사람이다. 심지어 입원 권유까지 받은 사람이다. 그런 사람마저도 나에게 많은 변화를 줬다. 무엇을 놓치고 있었는지, 바라는 것이 무엇인지, 트리거가 무엇인지에 대해 점검을 하게 됐다. 답답함, 먹먹함, 무능력함 등 다시는 겪고 싶지 않았고, 그 감정들을 글로 적으며 다짐했다. 사랑하는 사람과의 실연으로 인해 비합리적 신념을 가지고 있지 않은가? 난 더 성장하고 성숙한 사람이 되기 위해 헤어짐을 두려워하지 않는다. 사람이 더 성장할 수 있는 좋은 기회가 바로 헤어짐을 겪고 난 후 더욱더 자신을 돌아보기 때문이다.

5

SPACE MAN

〈Sam Ryder - SPACE MAN〉 가사를 보자. "난 우주에 있어 / 우주 곳곳을 떠돌며 탐사했고 / 블랙홀에도 가봤는데 / 거긴 공허함뿐이더라 / 이제 집에 돌아가고 싶어 / 그렇지만 이 위에서 난 계속해서 생각할 거야 / 내가 무엇을 두고 떠나왔는지"

난 이 가사가 이렇게 들려온다. "여기저기 떠돌며 내가 있을 만한 곳을 찾아다녔고 / 나에게 맞지 않는 옷을 입고 다녔고 견디기 힘들었다 / 이제 나를 제대로 알고 싶어 난 계속해서 생각할 거야."

스쿠버다이빙

여느 때와 다름없이 일을 하고 있던 어느 날이었다. 초등학교 때 읽었던 만화책 중 '스쿠버 다이빙'에 관련된 책을 읽는데 '꼭 해보고 싶다!'라는 생각이 들었다. 다양한 체험을 할 수 있는 어플이 있었는데 그때 당시 사귀던 여자친구와 함께 체험을 했다. 워낙 레저를 싫어하는 아이라 설득하는 게 쉽지 않았다. 그러나 무려 두 달간 설득 끝에 신청을 했다. 수영장에서 하는 체험이었지만 당연히 난 그 이상의 욕심이 났고 꼭 바다를 가고 싶었다.

2년 후 그 친구와 헤어지고 홀로 그 강사님께 연락을 했다. 이후 나의 다이빙 도전기는 시작되었다. 태풍이 오고 있던 동해 바다 속, 처음으로 가본 해외여행 그리고 필리핀 바다 속... 나의 버킷리스트가 하나 채워지는 그 순간을 잊을 수가 없다. 심지어 처음으로 해외여행을 가서 본 그 사람들만의 문화, 행동, 말 등은 엄청났다. 커다란 쇠공이 나를 강타했다.

그렇게 많은 생각을 해본 것은 태어나 처음이었다. 자유로운 그 느낌, 속이 뻥 뚫리는 청량감 등... 그 전까지 압박되며 살던 나에게 커다란 해방감을 안겨주었다. 그 후 난 스쿠버다이빙을 지금까지 계속했다. 그 과정에서 국가전문자격증인 산업 다이빙 자격증도 땄다. 내가 좋아하는 일을 하며 돈을 벌 수 있는 길이라고 생각했기 때문이다. 하지만 전혀 내 생각과 달랐다. 생각보다 위험한 날 환경에서의 작업, 시간에 쫓기듯 하는 작업, 배에서의 멀미 등 힘들게 하는 것들이 너무나 많았고 곧 그만두었다. 바다를 보는 마음은 한결 같았지만, 그 모든 걸 감당하기엔 나의 숙련도가 부족했다.

바뀐 마음

그저 '바다를 좋아하니 그 정도는 쉽게 하지 않을까'라고 생각했다. 하지만 그건 나의 착각이었고 오만이었다. 나에게 있어 '스쿠버 강사' 타이틀은 그저 돈이 되지 않는 직업군이었다. 이미 스키강사를 해 본 나에게 있어 강사는 '별로 하고 싶지 않다. 남을 하나하나 신경 쓰고 케어하는 게 너무 힘들 것 같다.'였다.

하지만 한 번 나의 한계를 경험했고 바뀌고 싶었다. 레벨이 올라갈수록 보는 식견도 달라지고 '나'도 케어하고, '너'도 케어하는 경험을 하며 강사가 하고 싶어졌다. 다른 사람의 도움도 받으며 내가 성장했듯 나 또한 다른 사람을 도와주고 성장을 하는 걸 보고 싶었다. 그 과정에서 같이 성장하고 싶어진 것이다.

문제와 답

나는 두 가지를 동시에 깨달았다.

첫 번째 보도섀퍼의 〈멘탈의 연금술〉이라는 책에 이런 말이 있다. "만족보다는 도전을, 두려움보다는 용기를, 포기보다는 극복을, 안전보다는 모험을 선택하는 것이 백 배는 쉽다. … 문제를 하나하나 해결해나간다 해도, 삶은 결코 수월해지지 않을 것이다. 다만, 당신은 점점 이기기 어려운 상대가 될 것이다. 삶은 결코 만만해지지 않는다. 유일한 성공 전략은 당신이 점점 강해지는 것이다."

나 역시도 진정한 강함은 나를 제대로 알고, 타인을 도와주며 생겨난다고 생각한다. 타인을 통해 모자란 것을 배우고 더욱 갈고 닦으며 성장한다는 것이다.

두 번째 고코로야 진노스케의 〈자존감 생각법〉에서 한 문장은 나를 설레게 했다. "문제는 내 안에 있다. 그러므로 답도 내 안에 있다." '지금까지 내가 가져왔던 것들은 무슨 문제가 있을까? 내가 현재 이 상황이 된 것은 다 이유가 있겠지? 어떤 걸 고쳐야 할까?' 등등 많은 생각을 하게 만들었다.

100 Bad Days

난 이기적인 사람이다. 흔히 말하는 '약았다'라고 하는 사람이다. 처음엔 이런 얘기들을 듣는 것이 싫었다. 남들 눈에 나는 정석으로 일을 하고 성실하며 착한 사람이기를 바랐다. (온갖 착한 수식어가 다 붙은 사람이기를 원했다는 얘기다.) 하지만 책을 읽고 스쿠버 다이빙이라는 한 가지에 빠져서 배우다 보니 '약았다'라는 수식어 나쁘게 들리기보단 '내가 그만큼 머리가 잘 돌아간다는 거잖아'라는 말처럼 들렸다. 그렇게 생각하니 동시에 자존감 또한 올라가게 되었다. 내 자신을 있는 그대로 인정하게 되었다.

마지막으로 〈AJR - 100 Bad Days〉라는 노래의 가사를 들려주고 싶다.

"100개의 안 좋은 날은 100개의 좋은 이야기를 만들어주고 / 100개의 안 좋던 날들이 100개의 모험담이 되었어 / 100개의 모험담은 날 흥미로운 사람으로 만들지 / 난 네가 두렵지 않아"

이 가사들을 보면 내가 이때까지 겪었던 안 좋은 일들이 모험담이 되고 날 흥미로운 사람으로 만들어 준다고 한다. 이 노래를 들으며 내가 지금까지 허투루 하루하루를 보낸 것에 대해 부끄러워졌다. 그와 동시에 좋았던 기억, 안 좋았던 기억, 지나간 사람에 대한 추억, 새로운 감정 등 그러한 경험들이 모두 단단한 뿌리를 위한 것들임을 알았다. 앞으로 나는 일어날 일들에 대해 전혀 두려워하지 않는다. 뭘 해야 하나 두려움이 없어졌다. 힘들지언정 안 좋던 날들이 나의 모험담이 되고 흥미로운 사람이 될 수 있으니까.

`변명`이 아니라
`확신`을 찾아라

- 일전호 -

결핍 속 풍요

작가 / 장정아

존재를 부정당했다는 느낌은 스스로를 괴롭히게 했다. 혼자 남겨질 것 같은 불안감은 나를 갉아 먹었다. 타인과 나를 비교했고, 상황을 탓했다. 항상 무언가 소유하고 싶어 아등바등했다. 문제의 원인을 '나' 자신에게서 찾으니, 세상이 다르게 보이기 시작했다. 결국 세상을 바라보는 나의 관점을 바꿔야 했다.

결핍에서 오는 간절함이 나를 움직이게 한다. 더 열심히 하게 만든다. 결국 좋은 결과를 가져온다. 사람들은 세상이 불공정하다고 말한다. 하지만 공정하게 볼 수 있는 시야도 있다. 결핍을 느낌에 감사하다. 오히려 결핍이 있음에 내가 움직일 동기를 준다. 결핍을 해결하기 위해 방법을 찾고 해결해 보는 것. 내가 성장하는 방식이다.

결핍 속 풍요

1

새로운 의미부여

'부모'의 사전적 의미는 '아버지와 어머니를 아울러 이르는 말 또는 집에서 어린아이를 돌보아 주는 사람'이다. 우리는 과연 좋은 부모와 나쁜 부모의 의미를 정의할 수 있을까? '부모라면 마땅히 이렇게 해 줘야지.'라고 할 수 있을까?

'부모'하면 어떠한 생각이 떠오르는가? 사랑? 절대적인 내 편? 편안함? 그렇다면 다행이다. 아쉽게도 나는 아니다. 부모님은 나를 불안하게 하는 존재였다. 정확히는 '아빠'가 그랬다. 당신도 나와 같다면 전혀 실망할 필요 없다. 이번 장은 과거 아빠에 대한 나의 기억과 현재 내가 아빠를 바라보는 관점에 관한 이야기이다.

아빠에 대한 기억

5살이 되던 해에 엄마와 아빠랑 광주로 이사를 했다. 아빠와 집에서 보내는 시간은 별로 없었다. 나에게는 엄마뿐 이었다. 오랜만에 셋이서 저녁 식사를 하는 날이었다. 아빠는 거실에서 TV를 보고 있었다. 엄마는 부엌에서 요리하고 있었다. 나는 아빠와 같이 앉아 있기 불편했다. 요리하는 엄마의 앞치마를 꼭 붙잡고 붙어 있었다.

엄마와 아빠는 그날도 싸웠다. 아빠는 "이놈의 집구석 못 있겠다." 말하며 나갔다. 엄마와 아빠는 서로 좋게 말하는 법이 없었다. 차라리 아빠가 눈에 안 보이는 게 좋았다. 어느 주말 오후였다. 엄마와 아빠는 그날도 여전히 다퉜다. 그런데 이번에는 강도가 심했다. 나는 부엌 탁자 의자 밑에 숨어 들어갔다. 의자 밑에서 의자 다리를 질끈 잡았다.

싸우는 아빠와 엄마를 조용히 올려다보았다. 엄마는 내가 그림 그리던 스케치북을 아빠 얼굴에 던졌다. '아빠도 엄마를 때리면 어쩌지?'하고 걱정됐다. 아빠는 "그래, 나는 너랑 자식 같은 거 필요 없어."라고 말했다. 내가 아빠에게 중요한 존재가 아닌 것은 알고 있었다. 그렇지만 필요 없을 거라고는 생각 안 해봤는데. 존재를 부정당하는 기분이었다. 아빠는 그 뒤로 집을 나갔다. 이날 이후로 나는 한

동안 아빠를 볼 수 없었다.

평범한 평일 저녁이었다. 누군가 문을 쾅쾅 두드렸다. 술에 취한 아빠 목소리가 들렸다. 아빠는 엄마에게 "너는 머리에 똥만 차 있어."라고 폭언했다. 나에게는 "그 어미에 그 자식이지. 너도 똑같아."라고 말했다. '필요 없다면서 왜 자꾸 찾아오지?' '자기가 뭘 잘했다고 우리한테 욕하는 거지?' 아빠가 술에 취해 욕할 때마다 할 수 있는 게 없었다. 그냥 가만히 바닥만 보았다.

아빠는 그 뒤로도 술만 마시면 찾아왔다. 우리는 아빠 모르게 이사를 갔다. 더는 아빠가 찾아올 수 없었다. 하지만 같은 동네였기 때문에 자유롭지 못했다. 길에서 아빠를 마주칠까 봐 불안했다. 혼자서 아빠를 마주하게 될 상황이 두려웠다. 나는 택시 문을 열 때마다 가슴이 두근거렸다. 아빠가 택시 운전기사였기 때문이다.

한겨울이었다. 친구들과 함께 버스를 기다리고 있었다. 옆을 지나가는 사람을 무심코 올려다보았다. 아빠였다. 아빠 얼굴을 본 순간 심장이 발끝까지 내려갔다. 아빠는 나를 알아보지 못했다. 그냥 지나쳤다. '아무리 그래도 자식인데 어떻게 못 알아볼 수가 있지?' 그래도 아빠의 뒷모습을 보며 천만다행이라고 생각했다.

아빠와의 마지막

작년 기말고사기간이었다. 학교 도서관에서 공부 중이었다. 엄마에게 전화가 왔다. "정아야, 아빠 돌아가셨대." 아빠가 갑자기? 기분이 이상했다. 그렇지만 당장 다음 주가 시험인데 어떡해. 자리로 돌아가 공부를 마저 했다.

아빠를 마지막으로 본 건 고등학교 1학년 때 할아버지 장례식장이었다. "어째 너 얼굴이 별로 좋지 않다." 아빠가 나를 보더니 꺼낸 첫마디였다. '아니, 그럼 할아버지가 돌아가셨는데 안 슬퍼?' 어이없었다. "어디 사냐." '왜 또 찾아와서 술주정 부리게?' "너희 엄마가 말하지 말라고 하디?" '아니 내가 말하기 싫은 건데.' 잠깐의 대화 동안 나는 아무 말도 안 하고 바닥만 보았다.

장례식을 마치고 집에 가려는 참이었다. 아빠가 학비로 쓰라며 100만 원을 건네줬다. 그게 아빠와 마지막 순간이었다. 바로 다음 만남이 아빠의 장례식장이라니. 이런 식으로 다시 마주하게 될 줄이야. 화장 전 마지막으로 아빠 얼굴을 보았다. 아빠는 뭐가 그렇게 힘들어서 맨날 술을 마셨을까?

겨울방학 내내 한정승인 절차를 밟기 위해 서류를 정리했다. 방에서 아빠 계좌들을 정리하고 있었다. 문득 이런 생각이 들었다. '이거 지금 예행연습인가?' 엄마가 돌아가시면 그땐 진짜 나 혼자인데. 지금처럼 투정 부릴 사람도 내 옆에 없는데. 그때도 내가 이렇게 잘할 수 있을까?

'나쁜 아빠, 불쌍한 나'라는 핑계

당신에게도 지독히 빠져나오고 있지 못한 트라우마가 있는가? 나에게는 아빠가 그런 존재였다. 트라우마이자 아킬레스건이었다. 항상 아빠에 관한 이야기가 나오면 피했다. 아빠가 없는 가정환경을 숨기고 싶어 했다. 화가 나 감정이 주체가 안 될 때 바닥에 물건을 던지곤 했다. 엄마에게 소리라도 지른 날은 '내가 어떻게 엄마한테 아빠와 똑같은 짓을 할 수 있지?' 하며 자책했다.

폭력적인 성향이 나올 때면 아빠 탓을 했다. 인정하기 싫은 나의 특징을 아빠에게 책임 전가했다. 불행하다고 느낄 때마다 '화목하지 못한 가정환경에서 자랐기 때문이야.'라고 이유를 꺼냈다. 내부가 아닌 외부에서 요인을 찾으려고 했다. 그럴수록 힘들어지는 건 나였다. 일이 꼬일 때마다 가정환경을 들먹이는 건 좋은 핑곗거리다. 계속 이렇게 생각한다면 나는 아무것도 될 수 없고, 할 수 없다. 나의 가정환경은 바꿀 수 없는 객관적인 사실이다. 그렇다면 나는 앞으로 어떻게 받아들여야 할까?

의미를 부여하는 것은 '나'에게 달렸다

대부분 과거의 사건이 현재까지 영향을 끼친다고 생각한다. 나 역시도 마찬가지였다. 항상 '아빠'와 '가정환경'을 탓했다. 하지만 과거가 현재를 낳는 것이 아닌 현재가 과거를 낳는 것이라면? 이야기는 아주 달라진다.

기시미 이치로는 자신의 저서 〈미움받을 용기〉에서 이렇게 말했다.

"우리는 과거의 사건에 의해 결정되는 것이 아니라, 그 사건에 '어떤 의미를 부여하는가'에 따라 자신의 삶을 결정한다."

과거에 어떤 일이 발생했더라도 상관없다. 중요한 것은 '지금의 나'가 과거의 사건에 '어떤 의미'를 부여하는가이다.

나는 아빠가 어떤 상태였는지 알지 못한다. 그저 안 좋은 모습들만 보고 아빠를 판단했다. 아빠는 전적으로 엄마에게 나를 맡겼다. 그것은 아빠가 할 수 있는 제일 나은 선택이었다. '나의 아빠'가 아니었다면 '나의 엄마'를 만나지 못했다. 엄마와 나를 만나게 해줄 수 있는 것은 아빠만이 할 수 있는 일이다. 아빠 덕분에 할아버지, 할머니의 사랑을 받을 수 있었고, 사촌 언니들과의 행복한 추억이 있다. 나는 아빠 덕분에 태어나 모든 것을 누릴 수 있다.

다음은 〈최고의 변화는 어떻게 만들어지는가?〉라는 책의 구절이다. "우리에게 영향을 미치는 것은 사실 과거가 아니라 현재의 해석과 감정이다. 따라서 '과거 때문에 내가 지금 이런 거야.'라고 말하는 건 감정적으로 과거에 갇혀 ㅈ 있다고 선언하는 것이다."

나는 이 문장을 읽고 내가 끊임없이 선언해왔고, 내 한계를 스스로 규정했다는 것을 깨달았다. 당신도 스스로 갇힌 과거가 있지는 않은 지 이번 기회에 점검해 보아라.

하고 싶은 대로

미국의 심리학자이며 자기 계발 작가인 웨인 다이어가 말했다.

"그냥 단순하게 사세요. 복잡함을 버리고 혼란을 제거한다면, 인생을 즐기는 일이 단순하고 간단해질 거예요."

어릴 적 나에게 해주고 싶은 말이다. 나는 생각이 많아도 너무 많았다. 단순하게 받아들이지 못하고 의미를 확대해석했다.

혼자 남겨지는 건 싫어

초등학교 입학 후, 혼자 있는 시간이 많았다. 엄마는 회사 일로 집을 비우는 날이 많았다. 자연스럽게 친구들과 대부분 시간을 보냈다.

나에겐 소중한 친구들이 많다. 힘들면 친구에게 털어놓고 위로받는다. 머리가 복잡할 때는 친구랑 이야기하면서 머리를 식힌다. 지금은 친구들이랑 정말 잘 지낸다. 하지만 중학교 때까지는 친구들과 지내는 게 좋으면서 힘들었다.

미국의 사회학자 데이비드 리스먼은 〈고독한 군중〉에서 사회구조의 변화에 따른 세 가지 타입의 인간 유형을 제시했다. 전통사회의 전통적인 가치관을 중요시하는 '전통지향형', 가족에 의해 학습된 내면적 도덕과 가치관을 기준으로 하는 '내부지향형', 동료나 이웃 등 또래의 눈치를 살피며 그들의 영향을 받아 행동하는 '외부지향형'이 그것이다. '외부지향형'은 타인들의 생각과 관심에 대해 예민하게 반응한다. 그리고 그 집단에서 격리되지 않으려고 노력한다. 겉으로 드러난 사교성과는 달리 내면적으로는 고립감과 불안으로 언제나 괴로워한다.

나는 외부지향형 인간이었다. 초등학교 때부터 중학교 때까지 나와 친구들은 그룹에 이름을 붙이고 무리 지어 다녔다. 같은 학년에 우리를 모르는 친구, 선생님이 없었다. 무리에 속해 주목을 받으니 내가 특별해진 것 같았다. 그러나 우리는 미성숙했다. 싸우기도 많이 싸웠다. 마음속에 '무리에서 내쳐지면 어떡하지?'라는 불안감이 자리 잡고 있었다. 또 다른 문제는 친구들과 나를 끊임없이 비교했다는 것이다. 쟤는 성격이 밝아서 부럽고, 쟤는 아빠와 잘 지내서 부럽고, 쟤는 예뻐서 부럽고. 이유도 여러 가지였다. 익명으로 "너 같은 게 어떻게 걔네랑 어울려 다녀?" "걔 못생겼다." 등 인신공격을 받았다. 그 뒤로 남과 나를 비교하는 습관은 더 심해졌다.

나는 친구들에게 내 속 이야기를 잘 안 했다. 나의 가정환경에 대해 알고 있는 애는 극히 일부였다. 고민의 깊이가 깊을수록 절대 이야기 안 했다. 오히려 사소한 것은 잘 표현했다. 그래서 '찡찡이'라는 별명이 붙었다. 하도 잘 삐지고 찡찡대서 애들이 붙여줬다. 불편하거나 마음에 들지 않을 때 어떻게 해야 좋게 표현할 수 있는지 몰랐다. 말하지 않아도 내 마음을 알아주길 바랐다.

생각은 꼬리에 꼬리를 물고

'사람들이 나에 대해 어떻게 생각할까?' 내 머릿속을 떠다니는 질문이었다. 똑같은 실수를 해도 쟤가 하면 괜찮았고 내가 하면 괜찮지 않았다. 나를 싫어하게 될까 봐, 괜히 말했다가 싸울까 봐 하고 싶은 말을 못했다. 자기 전에 '그 행동은 하지 말걸.' '아, 이렇게 말할걸.' 하고 후회했다. 친구가 도전하면 진심으로 응원한다. 해낼 것 같다. 그런데 나는? 나는 과연 할 수 있을까? 끊임없이 남과 비교하고 부러워했다. 이런 식으로 생각하면서 '나는 왜 이렇게 부정적일까.' 하며 또 나를 부정했다. 생각이 꼬리에 꼬리를 물었다.

『초등학교 고학년 : 저학년 때가 좋았지.
중학생 : 초등학교 때가 좋았지.
고등학생 : 중학교 때가 좋았지.
대학생 : 고등학교 때가 좋았지.
취업준비생 : 학생일 때가 좋았지.
은퇴자 : 일할 때가 좋았지.
노인 : 젊을 때가 좋았지.
이제 눈치채셨나요? 당신의 인생은 항상 좋았다는 거.』

중학생 때 이 글을 읽고 충격이었다. 난 매 순간 안 힘들어한 적이 없었다. 하지만 지나고 보니 다 괜찮았다. '왜 그렇게까지 힘들어했지?'라는 생각이 들었다. 정말 내 인생은 항상 좋았다.

나답게 살기

모두가 나를 좋아할 수 없다면 적어도 나를 싫어하는 사람은 없으면 좋겠다 생각했다. 잘못한 것도 없는데 이유 없이 나를 싫어하는

게 이해가 안 됐다. 다음은 〈미움받을 용기〉라는 책에 나오는 '10명의 법칙'이다.

"10명의 사람이 있다면 그중 한 사람은 반드시 나를 비판한다. 나를 싫어하고, 나 역시 그를 좋아하지 않는다. 그리고 그 10명 중 2명은 나와 서로 모든 것을 받아주는 더 없는 벗이 된다. 남은 7명은 이도 저도 아닌 사람들이다."

애써도 나를 봐주지 않는 사람이 있는가 하면, 노력하지 않아도 나를 좋아해주는 사람이 분명 있다. 뭐든지 상대에게 맞추려고 하는 사람보다 줏대 있는 사람이 훨씬 매력적이다. 나는 그냥 나답게 행동하면 된다. 어떻게 받아들일지는 상대방의 몫이다. 우리는 최선을 다하면 그걸로 됐다.

눈치 보지 않는 삶

혹시 당신도 남들의 시선이 의식되는가? 난 눈치란 눈치는 다 봤다. 정말 '나 없는 내 인생'이었다. 그러나 우리는 잘 알고 있다. 사람들은 나에게 아무 관심이 없다는 사실을. 다들 각자 살기 바쁘다. 나도 내 마음을 잘 모르겠는데 남의 마음까지 신경 쓰다니. '내가 정말 피곤하게 살고 있구나.'라는 생각이 들었다. 우리에게는 곁에 소중한 사람들이 있다. 부모님, 친구, 애인, 동료 등. 가끔 우리는 스스로에게 한없이 가혹해진다. 내가 가장 사랑하는 사람을 생각하는 만큼 나를 생각해 주면 어떨까?

혜민 스님은 말씀하셨다. "남의 눈치를 너무 보지 말고 나만의 빛깔을 찾으세요. 당신은 누구보다 세상에서 가장 소중한 사람입니다." 자신의 인생은 아무도 대신 살아주지 않는다. 눈치 보지 말고 하고 싶은 대로 하면 된다. 난 다음의 문장을 가슴속에 새겼다.

"어떤 상황 속에 놓이든 나의 색깔을 잃지 마세요. 그곳이 미지의 공간 속이라도."

3

인생은 태도의 차이

당신은 현재 하고 있는 일이 있을 것이다. 하고 싶어 미치겠는 일이 있는가 하면 하기 싫어 죽겠는 일도 있다. 좋아하는 일을 해도 시련은 있다. 그래도 우리는 '내가 좋아하니까' 버틸 수 있다. 반면에 하기 싫은 일을 할 때는 어떤가? '아. 하기 싫어 죽겠다. 내가 이걸 도대체 왜 해야 하지?' 생각한다. (사실 내 이야기이다.)

우리는 좋아하는 것만 하고 살 수 없다. 좋아하는 것을 하기 위해서라도 하기 싫은 것을 감수해야 한다. 모두가 거지 같다고 생각하는 상황 속에서도 무언가 해내는 사람들이 있다.

전 세계 최고 리더십 전문가 존 맥스웰이 말했다. "생각은 태도가 되고, 태도는 곧 삶이 된다." 우리는 '무언가 해내는 사람'이 되기 위해 어떤 태도를 가져야 할까?

첫 사회생활

나는 호불호가 강한 편이다. 고등학교 때 좋아하는 과목 성적은 2 등급, 싫어하는 과목은 6등급이었다. 좋아하는 것만 미친 듯이 했다. 싫어하는 것은 거들떠보지도 않았다. 나의 이런 태도는 성인이 돼서도 쭉 이어졌다.

수능이 끝난 후, 약 3년간 아르바이트를 쉬지 않고 했다. 초밥집, 고 깃집, 치킨집, 아이스크림 집, 대형마트, 워터파크, 카페 등. 처음 시작할 때 일머리가 아예 없었다. 어찌나 소심했던지 손님에게 인사하기가 힘들었다. 처음 일한 두 곳은 하루 만에 그만 와도 된다고 연락을 받았다. "정아 목소리가 너무 작아.", "자신 있게 해.", "좀 웃어.", "왜 이렇게 힘이 없어?" "너무 FM이야." 일한 곳에서 들었던 말이다. 가는 곳마다 지적을 안 받는 곳이 없었다.

'내 성격은 왜 이 모양일까. 내가 왜 이 고생을 하고 있지? 때려치우고 싶다.' 별별 생각이 다 들었다. 살면서 가장 욕을 많이 먹은 시기였다. 내가 선택한 일이지만 이렇게까지 해야 하나 싶었다. 눈을 뜬 아침부터 일 갈 생각에 우울했다. 하지만 돈을 꼭 벌고 싶었다. 당장 돈을 벌 수 있는 수단은 알바뿐이라고 생각했다. 죽이 됐든 밥이 됐든 해내야만 했다. '앞으로 닥칠 시련에 비하면 이건 아무것도 아니겠지.', '이것도 해결 못 하면 제대로 살아갈 수나 있을까.' 생각하며 마음을 다잡았다.

역시 사람은 간절하면 하게 된다. 항상 지적을 받았는데 이제는 칭찬을 받는다. 나도 마음먹으면 할 수 있다는 것을 느낀 첫 번째 순간이었다.

나의 대학생활

'대학생활 이것만은 꼭 얻어가자' 하는 게 있다면 '다양한 사람 만나기 & 다양한 경험하기'이었다. 코로나로 인해 1학년 때 학교에 가지 못했다. 나의 20살은 술생술사였다. 친구들과 매일 같이 술만 마셨다. 처음에는 수능 공부에서 벗어났다는 해방감과 '당장은 놀아도 되겠지'라는 안일함이 있었다. 시간이 지날수록 똑같은 친구, 반복되는 이야기가 지루했다. 내가 우물 안에 갇힌 개구리 같았다. 그래서 학교에 가면 다양한 것을 경험하겠다고 다짐했다.

대학생활은 나름 내 바람대로 이루어졌다. 실험실 생활을 하며 논문도 쓰고 학회에 참여했다. 동아리 활동을 하며 공모전에서 수상했다. 대학생 서포터즈 활동도 하고 단과대 학생회에서 일도 했다. 새로운 사람을 만나 이야기 나누는 게 즐거웠다. 경험도 물론 중요하다. 하지만 나에게는 공부라는 과제가 있었다. 공부해도 성적이 기대한 만큼 나오지 않자 전공이 싫어졌다. 전공이 나와 맞지 않다고 한 번 생각하는 순간 끝도 없었다. 시험기간 마다 스터디카페와 도서관을 꼬박꼬박 갔다. 공부를 하긴 하는데 정신은 다른 곳에 있었다. 수업도 너무 듣기 싫어서 잠이 억지로 왔다. '내가 하고 싶은 건 이게 아닌데. 이걸 도대체 왜 외워야 할까.'

마인드 차이

군대에 가면 2가지 부류가 있다. 병사 마인드와 보급관 마인드. 병사 마인드는 '아, 짜증나. 괜히 끌려와서. 돈 많은 집 자식들은 끌려오지도 않는데. 빨리 시간이나 가라.' 하는 태도이다. 반면에 병사인데도 보급관처럼 일을 주체적으로 해결하려고 하는 사람이 있다. 이것은 태도의 차이일 뿐이다.

내가 아르바이트와 대학 생활을 했던 태도를 보면 완벽한 '병사 마인드'이다. 아르바이트를 하면서 아무리 좋게 생각해도 '돈을 벌어야 하니까 참자'는 마인드였다. 대학 생활은 고등학교 때와 마찬가지로 좋아하는 것에만 몰두했다. 싫어하는 것은 내팽겨 쳤다. 내가 선택했음에도 하기 싫으면 불평불만이 가득했다. 스스로 괴로워했다.

어떤 상황이 닥치더라도

드라마 〈신사의 품격〉 중 다음과 같은 대사가 나온다. "네가 나보다 월급이 적은 이유가 뭔지 알아? 이런 일이 있으면 나한테 고자질하고 넌 내 뒤에 숨어도 된다는 뜻이야. 나는 그걸 해결하니까. 월급을 많이 가져가는 거야."

이처럼 우리는 일을 주체적으로 해결하려는 태도를 가져야 한다. 고3 담임선생님이 그러셨다. "지금 하고 있는 것들, 앞으로 하게 될 것들. 당장은 쓸모 없어 보여도 언젠가 너희에게 돌아오게 되어 있어. 의미 없는 건 없어."

사람일은 어떻게 될지 모른다. 지금 하고 있는 것들이 어떤 형태로든 다시 돌아올 수 있다. 내가 다녔던 고등학교에선 모두 공부했다. 하지만 모두 공부로 먹고 살지 않는다. 그럼에도 우리는 공부하는 과정에서 배울 수 있는 게 많다. 최선을 다해 노력한 경험. 성적을 올렸다면 성취감을 느낄 수 있다. 원하는 대학에 간다면 도전에 성공한 경험을 할 수 있다. 아르바이트를 할 때는 몰랐지만 나는 많은 것을 배웠다. 가게가 돌아가는 시스템, 사람들과의 소통방법, 돈의 소중함 등. 내가 일을 미친 듯이 잘했다면 좋은 기회가 생겼을 수도 있다. 내가 경험을 살려 나중에 가게를 차리게 될지는 아무도 모른다.

탐탁지 않아도 그 속에서 배울 것을 찾아내는 사람이 위너다. '내가 지금 이걸 왜 해야 돼.'가 아닌 '내가 여기서 얻을 수 있는 게 뭘까?'로 생각을 바꾸자. 앞으로 어떻게 할지는 모두 당신의 '태도'에 달려있다.

4

마음이 표현하지 못하는 단어, 눈물

다음은 〈엄마, 우리는 왜 울어요?〉라는 책의 구절이다.

"엄마, 우리는 왜 울어요?"

"슬픔이 너무 커서 감당할 수 없을 때, 화가 폭풍우처럼 쏟아질 때, 아무에게도 위로받지 못할 때, 우리는 눈물을 흘린단다. 꼭 잠가 둔 보물상자의 열쇠 구멍에서 눈물은 흘러나오는 거야. 눈물은 상처에 바르는 연고 같은 거야."

나는 감정의 동요가 큰 편이다. 잘 공감하고, 쉽게 이야기에 빠져든다. 너무 힘들 때는 목 놓아 울고 싶다. 그럴 때마다 아주 슬픈 영화를 보며 펑펑 운다. 한바탕 울고 나면 마음이 한결 편안해진다. 마음 한편에 쌓여있던 것을 쏟아내는 나의 방식이다.

이번 장에서는 내가 뭐가 그렇게 힘들어서 울었는지 이야기해 보고자 한다.

울었던 순간들

내가 기억하는 처음으로 혼자 울었던 순간은 밤에 혼자 잘 때였다. 내 방에서 혼자 자는 게 아닌 '집에' 혼자였다. 시계의 초침 소리, 냉장고가 돌아가는 소리, 시계의 빨간 조명 등 하나하나 신경 쓰였다. 다음날 혼자 알람 소리에 일어나 밥을 먹고 학교에 갔다. 이때가 초등학교 2학년이었다.

고등학생 때 기억 남는 학원 선생님이 있다. 선생님은 나를 공주라고 불렀다. 시험기간 때, 야자 끝나고 자습하러 학원에 갔다. 선생님은 새벽에도 나를 봐주러 오셨다. 선생님이랑 같이 학원 문을 잠그고 집에 갔다. 덕분에 시험을 잘 봤다. 어느 날 학원에 선생님이 안계셨다. 사정이 생겨 그만두셨다고 원장님을 통해서 들었다. 인사도 없이 간 선생님이 미웠다. 수업을 듣는 동안 꾹 참았다. 집에 가는 길에 엄청나게 울었다. 너무 슬퍼서 누가 보든, 신경 쓰지 않았다. 목 놓아 우는 게 오랜만이었다.

한 한기 동안 단과대 부학생회장으로 활동했다. '내가 과연 잘할 수 있을까?' 자신이 너무 없었다. 학생회에서 엄청나게 의지 했던 사람이 있었다. 내가 불안해서 우왕좌왕하면 중심을 잡도록 도와줬다. 자신의 분야에 대해서 확고한 기준과 신념을 가지고 있는 사람이었다. 그런데 그분이 사정이 생겨 중간에 그만뒀다. 소식을 듣고 회의에 집중이 안 됐다. '이제 자주 못 보겠네.' '나는 이제 누구한테 의지하지?'라고 생각했다. 방에서 혼자 펑펑 울었다. 학생회에 들어오기 전 고민을 많이 했던 사람이었다. 싫다는 사람 억지로 붙잡아서 괜히 고생시켰나라는 생각이 들었다. 그래도 함께 했다는 것만으로도 좋았다.

눈물이 나는 이유

당신은 어떨 때 눈물을 흘리는가? 위에서 언급한 것 외에도 내가 울었던 순간은 많다. 정말 서럽게 혼자 울었던 순간을 꺼내보았다. 나는 사람에게 정을 잘 준다. 그만큼 상처도 잘 받는다. 심적으로 힘들었던 순간을 떠올려보면 '사람'이 빠지지 않는다. 혼자 남겨진 것만 같을 때. 내가 좋아하는 사람이 나를 등질까봐. 이제 다시는 볼 수 없을 것 같다고 생각이 들 때. 누군가를 실망시켰다고 생각이 들 때. 이럴 때마다 마음이 힘들다.

눈물의 기능

지구상의 모든 생물 중 고통, 슬픔, 기쁨 그리고 더 많은 감정을 느끼며 눈물을 흘리는 것은 오직 인간뿐이다. 인간의 뇌에 슬픈 정보가 전달되면 감정을 관장하는 부위가 뇌의 시상하부를 자극해 눈물샘에서 눈물이 나온다. 울게 되면 스트레스 호르몬의 일종인 카테콜라민이 눈물을 통해 배출된다. 동시에 분비되는 옥시토신은 마음을 진정시키는 기능을 한다. 그러니 슬플 때 실컷 울고 나면 마음이 안정되는 것은 의미상의 표현이 아니라 과학적인 근거가 있는 것이다.

아기는 매일같이 운다. 아기는 스스로 할 수 있는 게 없다. 아기에게 울음은 도움을 요청하기 위한 표현이다. 나에게 울음은 어떤 표현이었을까?

안전한 배출구

눈물에는 여러 가지 감정적인 원인이 있다. 스트레스를 완화하기 위해서, 공허함이나 동정심을 표현하기 위해서, 주의를 끌기 위해서 또는 행복을 표현하기 위해서 등이 있다. 나는 내 힘으로 바꿀 수 있는 게 없다고 느껴질 때 눈물이 나왔다. 당장 우는 것밖에 할 수 있는 게 없었다. 울고 싶어서 운 게 아니었다. 그냥 눈물이 흘렀다. 필요한 건 위로와 관심이었다. 나에게 울음은 나 좀 안아달라는 표현이었다.

아일랜드 속담 중에 이런 속담이 있다.

"흐르는 눈물은 괴로우나 그보다 더욱 괴로운 것은 흐르지 않는 눈물이다."

어렸을 땐 자주 우는 나의 모습이 싫었다. 내가 나약하게만 느껴졌다. 찌질하다고 생각했다. 덤덤하게 넘기지 못하고 일일이 반응하는 내가 싫었다. 나도 의연하게 대처하고 싶었다.

울음도 감정 표현 중 하나다. 때로는 눈물이 천 마디의 말보다 강력한 의미를 전달해 주기도 한다. 지금은 필요할 때 울 수 있음에 감사하다. 힘들어서 울 때는 정말 괴롭다. 그렇지만 시원하게 쏟아내면 다시 일어설 원동력을 주기도 한다. 암 치료 전문의 이병욱 박사는 자신의 저서 〈울어야 삽니다〉를 통해 "가장 정직하게 눈물을 흘리는 시간은 꼭 필요합니다. 모든 것을 토해내듯이 우십시오"라고 말했다. 마음속에 담아두지 않고 훌훌 털어내 버릴 수 있는 내가 됐으면 좋겠다.

당신도 감당할 수 없을 만큼 힘들 때 시원하게 울어보아라. 일단 울고 마음을 진정시킨 뒤 앞으로 어떻게 할지 생각하자.

5

앞으로의 나

다음은 영화 〈포레스트검프〉의 명대사이다.

"인생은 마치 초콜릿 상자와 같아. 열어보기 전까지 무엇을 잡을 지 알 수가 없어."

초콜릿의 종류는 여러 가지이다. 쓴맛이 나는 초콜릿도 있고 단맛 이 나는 초콜릿도 있다. 우리는 언제든지 쓰디쓴 초콜릿을 집을 수 있다. 그러나 그 쓴 초콜릿을 계속해서 맛볼지 아니면 바로 뱉을지는 자신의 '선택'에 달려있다.

아이의 꿈

아이들은 꿈과 희망이 가득하다. 자신이 뭐든 될 수 있다고 믿는다. "넌 커서 뭐가 되고 싶어?"라는 질문에 곧잘 대답한다. 대답을 잘하던 아이는 점점 믿음을 잃어간다. '아니야. 내 능력에 무슨.', '이걸 한다고 하면 주변에서 뭐라고 할까?', '했다가 안 되면?', '내가 과연 성공할 수 있나?', '부모님은? 부모님이 응원해주실까?' 이렇게 여러 가지 이유를 가져와 안 될 거라 생각한다.

중학교 2학년, 아침 조회 시간에 이지성 작가의 〈꿈꾸는 다락방〉을 읽었다. 생생하게 꿈꾸면 뭐든지 이룰 수 있다는 내용이다. 읽고 감명받아 2편을 구매해 읽었다. 그때의 나는 사진작가로 성공하고 싶었다. 자기 전에 내가 되고 싶은 모습을 상상하며 잠들고 수첩에 되고 싶은 모습들을 적었다. 친구들 사진 찍어주는 걸 좋아했다. 학교 끝나고 동네를 돌아다니며 사진을 찍었다. TV를 보다가 조선희 사진작가를 알게 됐고 그분처럼 되고 싶었다.

나와 같이 예체능 쪽으로 꿈을 가진 친구가 있었다. 친구랑 꿈에 대해서 이런저런 이야기들을 나눴다. 친구와 함께 타로 집을 찾아갔다. 가서 내가 사진작가로 성공할 수 있냐고 물었다. 타로를 봐주신 분이 자신이 아는 교수님이 있다고 나에게 연락처를 알려주셨다. 〈꿈꾸는 다락방)에서 '자신이 믿고 상상하면 무의식중에 내 주변 분자들이 나를 그곳으로 이끈다'라는 내용이 나온다. 조선희 사진작가님을 알게 되어 그녀의 책을 읽은 것도, 교수님을 만나볼 기회가 생긴 것도 내가 꿈꾸는 결과라고 생각했다.

엄마와 함께 교수님을 찾아갔다. 교수님은 나에게 사진을 보여주며 질문하셨다. 내 답을 듣고 재능이 없는 것 같다고 하셨다. 그리고 교수님은 사진을 한다고 해서 공부를 안 하면 안 된다고 말씀하셨다. 집 가는 길에 엄마는 "공부 열심히 하고 사진은 취미로 해."라고 말씀했다.

선택은 쌓이고 쌓여

당신에게도 이루지 못한 꿈이 있는가? 사람들은 누구나 꿈을 이루고 성공하고 싶어 한다. 자신이 그린 이상에 도달하기 위해서는 끊임없이 변화해야 한다. 변해야 하는 걸 알면서도 변하기 두려워한다. 변하고자 해도 미루며 현실에 안주한다. 실패할까봐 불안해하며 시도하지 않는다. 시도하지 않으며 '그래도 난 할 수 있겠지'라는 가능성을 믿고 싶어 한다. 성공하는 사람과 못하는 사람의 차이는 '실행'하느냐 안 하느냐이다. 운동을 해야 살이 빠지고 체력이 좋아진다.

모두가 동의한다. 동의'는' 하는데 그중에는 실행으로 '옮기는' 사람이 있고, '옮기지 않는' 사람도 있다.

교수님의 말씀을 듣고 슬펐다. '그래도 난 할 거야.' '그래 역시 난 안 되겠지.'라는 두 가지 생각이 들었다. 그리고 나는 후자를 선택했다. 슬펐지만 힘든 도전을 하지 않아도 된다는 사실에 안주했을지 모른다. '대학 가면 하고 싶은 거 할 수 있겠지'라고 생각하며 미뤘다. 그렇게 내가 적당히 할 수 있는 것, 현실에서 크게 벗어나지 않는 것을 선택하며 살았다. 그렇게 선택들이 쌓여 지금의 '나'가 됐다. 적당히 타협한 선택들이 앞으로도 계속 쌓이면 어떻게 될까? 난 여전히 제자리에 머물고, 후회하는 날을 보내게 될 것이다.

내가 내린 결정

보도 섀퍼는 〈이기는 습관〉에서 이렇게 말했다. "중요한 결정을 미루고 있다는 것은, 그 결정을 내리지 않겠다는 결정을 내린 것이다. 아무런 결정도 내리지 않은 상태란 가능하지 않다. 결정을 내리지 않은 것 자체가 하나의 결정이기 때문이다."

우리는 다양한 매체를 통해 성공한 사람들의 이야기를 접할 수 있다. 나는 수많은 사례들을 보면서 '나도 저렇게 되고 싶다'라고 생각했다. 항상 기웃거리기만 했지 실천으로 옮기지 않았다. 나에게 중요한 결정은 미루고 그냥 상황에 나를 맡겼다.

　우리는 모두 자신의 인생에 주인공이다. 내 이야기의 편찬자는 나다. 어떤 이야기를 쓸지는 모두 나에게 달려있다. 난 더 이상 후회하지 않을 것이다. 도전하고 실패하며 성장할 것이다. 원하는 것은 쉽게 얻을 수 없다. 어려운 것뿐이지 불가능한 게 아니다. 하다 보면 언젠가 된다고 믿는다. 성공한 사람들은 날 때부터 뛰어난 사람들이 아니다. 그들도 모두 평범한 시기가 있었다. 나는 내 인생을 스스로 개척하겠다고 결정했다. 더 이상 미루려고 하지 않는다. 당신은 어떤 결정을 내릴 것인가? 당신의 선택에 달려있다.

내가 변해야
세상이 변한다

-장정아 -

존재의 이유

작가 / 한동림

"행복은 몸에 유익하지만 슬픔은 영혼의 힘을 길러 준다."
마르셀 프루스트의 〈잃어버린 시간을 찾아서〉에 나오는 구절이다. 난 감정 기복이 심한 편이다. 그 대신 감성과 오감이 예민한 편이다. 내 삶을 돌아보니 이 예민함을 장점으로 승화시키기보단 단점으로 부각시켰다. 부정적인 감정들에 매몰돼 가치 없이 소모해버린 아까운 그때 그날들. 그래서 앞으로는 삶에서 느끼는 벅참과 설렘의 시간들을 내 기억 속에 단단히 담아두려 한다. 또 다른 내가 슬픔에 너무 오래 사로잡혀있지 않도록 그 시간들이 나의 구원자가 되어 줄 것이다. 그 슬픔에서 나는 한층 더 강해진 영혼의 힘을 가지고 돌아올 것이다.
이 책을 읽는 모든 이들이 슬픔에 오래 갇혀 나처럼 자신을 방치하지 않길 바라며 몸도 마음도 건강하길 기원한다.

존재의 이유

1
가족에게 '나'라는 존재

부모님에게 '나'는 어떤 존재인지 생각해 본 적이 있는가?

나는 4계절 중 여름을 정말 싫어한다. 수많은 벌레와 더위도 있지만 해가 떠 있는 시간이 길기 때문이다. 나의 여름 방학은 새벽 동이 틀 무렵 논에 약을 치는 아빠를 따라 농약줄을 잡는 걸로 시작했다. 학창 시절 나의 하교는 농사꾼으로서의 출근으로 이어졌다. 부모님에게 나는 일손이 늘 부족한 농촌의 '노동력'이었다.

내 기억 속 어린 시절의 나는 참 욕심 많은 아이였다. 그 때문에 나는 가난한 형편이었지만 제법 많은 걸 시도할 수 있었다. 초등학교 때는 피아노 학원과 '윤선생' 영어 학습지를 했었다. 그리고 부모님께서 전자 피아노를 사주셨다. 중학교 때는 국어, 영어, 수학 학원을 다녔다. 그리고 전자 기타도 사주셨다. 지금 돌이켜보면 나의 이러한 '특혜'는 집 안의 든든한 대들보가 되길 바라는 부모님의 '투자'였다. 나는 부모님의 희망이자 '개천의 용'이 되었으면 싶었던 1남 3녀의 장녀였다.

몸도, 마음도 아팠던 어린시절

나는 모태신앙이다. 아빠는 시골 교회 장로님이시고, 엄마는 정식으로 신학교를 나오진 않았지만 목사님이시다. 나는 부모님을 선택할 수 없었다. 그런 부모님 밑에서 태어난 나는 일요일이면 어김없이 교회에 가야만 했다. 역설적으로 종교의 자유를 가진 나라에서 내 종교의 자유는 태어날 때부터 부존재 했다.

아빠는 겉으로 보기에는 정말 선하고 착한 사람이다. 술, 담배도 안 하고, 남에게 싫은 소리나 거절을 잘 못하셨다. 그런 아빠의 가정 내 모습은 매일 엄마를 무시하며 폭언을 했다. 자신의 뜻대로 일이 풀리지 않으면 욕을 했고, 사람에게는 아니지만 잡고 있던 물건을 집어던지셨다.

나는 어렸을 때 병원을 자주 갈 정도로 잔병치레가 심한 아이였다. 매 계절 크고 작은 감기를 달고 살았고 중이염도 심했다. 중학교 1학년 때까지 학교 끝나면 읍내 이비인후과로 하교를 할 정도였다. 아주 어릴 때 아빠랑 병원에 갔다. 그때의 난 콧물 흡입하는 기계가 너무 무섭고 아파서 그걸 안 하겠다고 병원에서 난동을 피웠다. 그 일은 아빠를 많이 부끄럽고 화가 나도록 만들었다. 그래서 내 뺨을 의사 선생님 앞에서 주먹으로 때리셨다. 이게 내가 아빠에게 맞았던 '최초의 기억'이다.

나와 동생들은 어렸을 때 부모님에게 많이 맞고 자랐다. 집 앞 나무를 꺾어다 매를 만드셨다. 또한 효자손, 자, 청소기 등 잡히는 걸로도, 맨손으로도 많이 때리셨다. 무릎을 꿇고 손이 발이 되도록 빌어도, 질질 끌려가서 마구잡이로 맞았다. 그리고 방학 숙제를 안 했다고 학교 가지 말라며 책을 다 찢어버리셨다.

대학생 때 나는 아는 언니를 통해 처음으로 딸과 아빠가 애정 표현을 하는 모습을 보았다. 그때 받았던 문화적 충격을 아직도 기억한다. 지금 돌이켜보면 여자인 친구들 중에 나만큼 많이 맞고 자랐던 사람은 없었던 것 같다. 나는 어린 시절 내가 너무 가엽다. 어린 나는 훈육이 아니라 아동 학대를 당했다는 것을 깨달았기 때문이다. 나는 그렇게 시시때때로 변화하는 부모님의 기분에 예민하게 반응하며 눈

치를 보며 자랐다. 그 후 매일 불안에 떨며 살았고, 내 주장도 하지
못하는 '독립적이지 못한 개체'로 자랐다.

나도 모르는 시절에 만들어진 내 불안감

　1985년에 버클리 대학의 메리 메인 교수가 성인 애착 유형 검사를
실시하였다. 이는 36개 문항으로 되어 있으며 검사 결과는 '안정형'
애착유형과 '불안정' 애착유형으로 나눠진다.

　안정형 애착 유형은 부모와 아이가 서로 안정된 관계를 맺는 유형
이다. 부모는 아이를 잘 이해하고 아이의 요구도 편안하게 받아들인
다. 즉, 자신과 타인을 다 긍정적으로 바라보는 형태이다.
불안정 애착유형은 크게 3가지로 구분된다. 무시형, 집착형, 혼란형
애착유형이 있다.

　'무시형'은 아이의 요구를 잘 응하지 않는 부모와의 관계에서 형성
된다. 또한 부모가 지나치게 간섭하거나 통제적인 경우에도 형성된
다. 그래서 대인 관계에서 불편함을 느끼고 오히려 혼자 있을 때 안
정감을 찾는 유형이다. 다시 말해, 자신은 긍정적으로 타인은 부정적
으로 보는 형태이다.

'집착형'은 부모가 아이에게 지나치게 감정을 표현하거나 일관되지 않은 태도를 보일 때 만들어진다. 이 유형을 가진 사람은 대체로 감정 기복이 심하고, 작은 일에도 과하게 감정을 표현하고, 남에게 의존적이다. 자신은 부정적으로 타인은 긍정적으로 보는 형태이다.

'혼란형' 애착유형은 부모가 아이를 공격적으로 대하여 안정감과 믿음을 주지 못할 때 나타난다. 자신과 타인 모두 부정하는 형태이다. 아이는 만 12개월에서 만 3세 사이에 아이는 자신이 부모와 어떻게 상호작용 했는지 기억에 저장한다. 이 기억에 따라 형성된 애착 패턴이 고정되면, 성인이 되어서도 인간관계에 영향을 받는다. 또한 이 애착 패턴은 내가 부모가 되어서도 자녀에게 대물림할 수도 있다. 이처럼 어린 시절의 부모의 행동은 아이의 미래에도 큰 영향을 끼칠 수 있다.

그러나 불우한 어린 시절을 보낸 이들이 다 불안정하게 살아가진 않는다. '획득형 안정형'은 그런 어린 시절 자신을 보듬고 자아를 끊임없이 돌아볼 때 획득할 수 있다고 한다.
나는 '집착형' 애착 유형을 가진 사람이다. 내가 안정형 애착형으로 변화하기 위해서는 어린 시절 나와 대화를 깊이 나눠야한다. 그리고 그 시절의 나를 오롯이 받아들여야 한다. 정서적으로 안정된 사람은 불안정한 사람도 변화시킬 수 있는 힘을 가졌다고 한다. 나는 그런 힘을 가진 사람이 되고 싶다.

빛나는 존재가 되기

나의 어린 시절 호랑이처럼 무서웠던 아빠가 나이가 들어 이빨 빠진 호랑이가 되었다. 그렇지만 여전히 우리 아빠는 감정 기복이 심하고 폭력적이다. 하지만 아빠도 좋아하는 일을 할 때는 반짝반짝 빛나는 모습들이 있다. 그래서 나의 궁극적 목표는 아빠의 안정감을 찾아주는 것이다. 가부장적이지만 책임감 강한 아빠가 언젠가는 그 짐을 내려놓고 좋아하는 취미를 마음 편히 하실 수 있기를 바란다.

나를 위해 내가 나아가야 할 길은 내 세계를 발달시켜 그 안에서 내 삶의 의미와 기쁨을 찾는 것이다. 이를 통해 내 안정감을 높이고 누구에게도 흔들리지 않는 강한 내면의 힘을 얻을 것이다. 더 나아가서는 타인에게도 이 힘을 전할 수 있는 빛나는 존재가 되고자 한다.

2

소중한 존재들

손절이란 '손해를 보더라도 적당한 시점에서 끊어낸다'라는 의미로 본래는 주식시장에서 쓰이던 말이다. 사회에서는 '인간관계를 잘라낸다'라는 의미로도 널리 쓰인다. 인터넷에 손절을 검색하면 '친구 손절', '손절 해야 할 친구 기준' 같은 내용들이 많이 보인다. 나는 지금 사회처럼 '손절'이라는 단어를 사용해서까지 '관계의 끊어냄'을 쉽게 받아들이던 시대가 있을 지에 대해 생각해봤다. 더불어 '나'라는 사람은 나의 인간관계를 어떻게 생각하고 있는지도 고민해 보았다.

대학교를 다닐 때까지만 해도 발이 넓은 사람, 친구가 많은 사람을 부러워했던 시절이 있었다. 소위 말하는 '인싸'들을 닮고 싶었다. 그러나 그 관계를 유지하기 위해 얼마나 많은 노력과 체력이 필요한지 지금은 너무 잘 알고 있다. 그렇다면 지금 내가 추구하는 인간관계는 어떤 모습일까.

친할 친(親) 옛 구(舊)

나의 오래된 친구를 생각해보았다. 입가에 웃음이 떠나지 않을 정도로 착하고 순한 나의 예쁜이들, 초, 중, 고 동창들이다. 철없고 우울했던 어린 시절을 살아가게 해준 고마운 천사들이다. 얼마 전 심리 상담을 받았을 때 상담사 선생님께서 "가족을 제외한 가장 오래된 인연이 있나요?", "그 친구와는 어떻게 그렇게 오래 관계를 유지할 수 있었을까요?"라고 물어보셨다. 그 답은 서로의 안전거리를 지켜주는 것이라고 생각했다.

어린 시절 나는 친할수록 함부로 친구들을 대했다. 말과 행동이 뇌를 거치지 않아서 친구들에게 상처를 많이 주었다. 십여 년이 지난 지금까지도 제대로 된 사과를 하지 않았다. 그럼에도 철없는 나를 놓지 않고 늘 따뜻한 말로 위로해주는 건네주는 이들이다. 바보처럼 착한 이 친구들 덕에 조금은 선하게 살아가고자 노력하는 것일지도 모른다.

싸울 전(戰) 벗 우(友)

학창시절 친구들이 순수한 천사들이라면, 공장에서 만난 친구들은 '욕'으로 친해진 전우들이다. 고향을 떠나 맨몸으로 뛰어든 첫 사회생활은 '전선' 그 자체였다. 그 생활들은 나의 몸과 마음을 피폐해지게 만들었다. 매일 예민했고 누가 건드리기만 해도 싸움닭으로 변신했던 시절이었다. 스트레스로 우울증 약을 처음 먹기 시작했던 것도 이때부터였다. 끊임없이 남과 비교했고 내 삶을 한탄했다.

그런 가장 힘든 시기들에 언제나 언니들이 함께했다. 우리 셋은 나이는 다 달랐지만 서로의 문제점을 신랄하게 지적했다. 그렇지만 한편으로는 금전적으로 힘들 때, 일로 몸과 마음이 지쳤을 때도 당연하다는 듯이 서로를 도왔다. 그만큼 서로를 가장 잘 알고 의지하는 사이다.

누가 가장 바보 같고 한심한 인생을 사는가 하며 우울의 배틀을 나눴던 적도 있었다. 제삼자가 보기엔 하등 인생에 도움 안 되는 쓸모없는 대화들일지도 모르지만, 한창 나락에 빠져 살던 나에게는 참 위로가 되었다. 그런 우울의 시기를 함께 견뎌 온 우리가 지금은 다 다른 일을 하며 각자의 삶을 살아 내고 있다. 우리의 미래가 안녕하길 진심으로 바란다.

'외로움'이 건강에 미치는 영향

아리스토텔레스는 말했다. "인간은 사회적 동물이다" 이 말은 인간은 홀로 살 수 없고, 사회를 형성하여 끊임없이 타인과 상호작용을 하며 살아야 하는 존재라는 의미이다. 나는 한때 이 말에 공감하지 못하였다. 북적거리던 6명의 대가족이 살던 집을 벗어나 독립하였을 때 나는 엄청난 자유를 만끽하였다. 평생 혼자 살아도 행복할 것만 같았다. 그러나 그 생각은 얼마 가지 않았다. 자유 뒤에는 거대한 외로움과 공허함이 함께 찾아왔기 때문이다.

미국 브리검 영 대학의 줄리안 정신과 교수는 사회적 고립과 외로움이 인간의 건강에 얼마나 좋지 않은 결과를 불러오는 지 2가지 보고서를 제시하였다. 이 보고서들에 따르면 사회적 연결고리가 강화되면 조기 사망 위험이 50% 이상 줄어든다고 말했다. 또한 심리학자 에브라함 매슬로는 인간의 욕구 단계에 있어 기본적인 생리적 안정의 욕구가 충족되면 사회적 연결, 소속감의 단계로 넘어간다고 했다. 즉, 사회적 소속감이 없으면 인간의 성장, 자율성, 자아실현과 같은 더 높은 열망을 성공적으로 추구할 수 없다는 가정이다.

내가 힘든 일을 겪고 있을 때 설상가상으로 사회적으로 완전히 고립되어있는 내 모습을 떠올려 보았다. 아마 정신력이 약한 나는 이미

붕괴되어 이 세상에 존재하지 않았을 것이다.

부정적인 생각들이 나를 잡아먹고 나도 알 수 없는 감정들을 토로했을 때 받아주었던 은인 같은 친구들이 있다. 내 감정 쓰레기통을 자처했던 친구들 덕에 내가 살아 있을 수 있었다.

'모순덩어리'임을 받아들이기

가끔 나는 사람들이 하는 대화를 가만히 들어볼 때가 있다. 듣고 있자면 '사람은 참 모순덩어리구나'라는 생각을 지울 수가 없다. 타인에게 상처받았다는 사람은 그토록 많은데 정작 내가 남에게 준 상처는 잘 기억하지 못한다. 이는 기억이 감정의 크기와 큰 연관이 있기 때문이다. 그 기억에 내가 얼마나 감정 소모를 많이 했는가에 따라 기억의 깊이가 달라진다. 내가 아무렇지 않게 한 말이 누군가에게는 커다란 상처로 남은 적이 분명 있을 것이다.

그렇다면 왜 사람은 사람에게 상처를 주는 것일까? 본인 스스로가 사회적인 존재라는 점을 망각해서 그렇다. 그 누구도 홀로 살아갈 수 없다. 이것을 깨닫는 것부터가 시작이다. 또한 나를 포함한 모든 존재는 소중하다는 인식을 가져야 한다. 그리고 서로의 영역과 거리를 존중하여야 '너와 나'를 독립된 주체로 인정할 수 있다. 그럴 때 비로

소 '손절'만을 외치는 현실에서 가끔 보더라도 행복한 관계로 바꿔갈 수 있지 않을까 생각해본다.

3

중요한 존재

'데일 카네기의 인간관계론'에서 인간 본성의 가장 깊은 충동은 '중요한 사람이 되고픈 욕망'이라고 했다. 나는 어렸을 때부터 질투가심하고 이기적인 아이였다. 드라마의 질투에 눈이 먼 악녀들이 종종 "내 것이 될 수 없다면 부셔버리겠어"라는 대사를 친다. 생각할수록 '나와 너무나 찰떡인데'라는 생각을 버릴 수 없다. 상대에게 내 존재는 그가 맺고 있는 인간관계 중 가장 '특별함'을 바랐다. 그래서 지금도 연애는 내 인간관계 중 가장 어려운 부분이다.

마지막 연애

우리 서로의 '기폭제'가 되어주자. 이 말로 관계를 시작했던 친구가 있다. 나는 그 친구에게 일 주년을 1달쯤 앞둔 즈음에 그 친구의 '발목을 잡는 존재'라며 차였다.

첫 만남은 그 친구도 나도 공부 중일 때 만나 관계를 시작하였다. 그래서 장거리였지만 생활 패턴이 비슷하였고 언제나 연락이 가능하였다. 자주 만나지는 못했지만 만날 때마다 너무 행복했다. 처음에는 그렇게 너와 내가 맞는 부분이 많은 줄 알았다. 그 친구가 취직을 해 일을 시작했다. 그 친구가 신입이자 막내인 것을 알면서도 그 친구가 겪는 상황이 이해가 가지 않았다. 아니 이해를 안 하려고 했다.

아침 7시에 출근해 밤 10시에 퇴근을 했고 그 사이 거의 연락을 못한다는 그 친구를 이해할 수 없었다. SNS에는 접속 중이면서 내 연락은 확인하지 않았다. 나는 말로는 그 친구를 믿는다고 했지만 믿지 않았다. 바닥이었던 내 자존감이 그 친구에게 집착을 시작했다. 그렇게 하루에 서너 시간 이상을 통화했던 우리가 하루 30분 이하로 통화가 줄어들었다. 결국 계속 나와는 즐거운 얘기만 하고 싶어 했던 그친구는 헤어질 때 나에게 창피하단 말을 내뱉었다.

그 친구의 곁에는 이제 매일 자기 일을 열정적으로 하는 사람들이 가득했다. 그에 반해 나는 '기폭제'가 되자고 했으면서 이뤄놓은 것 하나 없는 우울증 환자였으니 얼마나 내가 한심해 보였을지 이해가 간다.

그렇게 이별 후 나는 2주 만에 7킬로가 빠졌다.

집착의 이유

백수가 연애하면 안 되는 이유는 참 많다. 한 유명 유튜버는 연애는 '체력'이라고 한다. 생활 패턴이 비슷한 관계는 같은 시간대에 비슷한 체력을 사용하고 남은 체력도 비슷하다. 그러니 서로의 이해관계가 맞을 수밖에 없다. 나는 백수여서 눈 뜨면 상대에게 출근했다. 또 몸이 바쁘지 않으니 에너지가 남아서 상대의 일거수일투족을 감시하기까지 했다. 백수는 시간이 많아서 온통 상대방 생각으로 머리가 가득 차 있다. 이는 '인지 오류'를 불러오기에도 충분했다. 인지 오류 중 확증 편향은 어떤 가설을 세우거나 정보를 탐색할 때 자신에게 유리한 방향으로 생각하고 행동하는 인지심리학적 오류이다.

워렌 버핏은 "사람들이 가장 잘하는 것은 기존의 견해들이 온전하게 유지되도록 새로운 정보를 걸러내는 일이다"라고 말했다.

헤어질 때쯤에 나는 정말 추했다. 상대가 나를 싫어하리라 생각했던 행동들을 그대로 하고 있었다. 그리고는 너의 마음이 식은 건 내 탓이 아니야. 라고 생각했다.

회자정리 거자필반(會者定離 去者必返)

사람은 누구나 만나면 헤어지게 되어 있고 떠나간 이는 다시 돌아온다는 불교에서 전하는 말씀이다. 영원한 만남이란 건 없다. 결국 이 세상은 혼자 와서 혼자 가는 세상이다. 이를 받아들이고 상대에 대한 욕심을 내려놓아야 성숙해질 수 있다. 나는 아직도 욕심이 많고 불안정한 존재임을 스스로가 알고 있다.

"주위 사람 5명이 나의 평균치다"라고 드롭박스 창시자인 드류 하우스턴이 말했다. 내가 좋은 사람이 되면 내 주변에도 좋은 사람들이 오게 된다. 나부터 좋은 사람이 되어 성숙한 자세로 누군가를 있는 그대로 받아들일 줄 아는 사람이 되고자 한다.

마지막으로 〈평온을 비는 기도〉에 이런 말이 있다.
"신이시여. 저에게 변화시킬 수 없는 것을 받아들일 수 있는 평온함을, 변화시킬 수 있는 것을 변화시키려는 용기를, 그리고 그 둘의 차이를 알 수 있는 지혜를 주시옵소서"

통제할 수 없는 것에 집착을 버리고 내가 통제할 수 있는 것에 나를 쏟아 넣어보자.

4

나약한 존재

나의 첫 자살 시도는 초등학교 5학년 때였다. 늦봄과 초여름 사이에 약간 후덥지근하게 느껴졌던 어느 날이었다. 나는 태어나서 죽음을 두려워한 적이 없다. 자살도 두려워한 적이 없다.

모든 사람이 삶의 의미와 목적을 가지고 살아갈까? 나는 아직도 내 삶의 의미와 목적을 찾지 못하였다. 어떤 삶을 살아야 만족스러울까. 나는 왜 고통을 회피하려고 하는 걸까. 고통을 회피하는 전형적인 방법으로 나는 자살을 선택했다.

태어남을 당한 내 삶은 내가 선택한 삶이 아니지만, 자살은 내가 선택할 수 있다. 이 생각을 하면 '아 인생의 칼자루는 내가 쥐고 있구나' 아주 조금 안심하게 된다.

자살 투어

2019년 1월 24일 100살까지는 거뜬히 사실 줄 알았던 내 사랑 할아버지가 돌아가셨다. 우리 할아버지는 말도 많고 눈물도 많고 표현을 참 잘하셨다. 나를 아주 많이 사랑해주셨다. (내가 남자로 태어났다면 더 사랑해 주셨겠지만...) 타지에 혼자 살 때 종종 전화 하셨는데 우리 할아버지는 말이 참 많으셨다. '부모님이 바빠서 할아버지가 똥기저귀 갈아주며 업어 키운 것을 아냐'로 시작해 얼마나 내가 보고 싶은지 얘기하시며 가끔 우시기도 하셨다. 마무리 인사는 늘 지혜와 명철 속에서 행동하고 사람을 늘 조심하라고 하셨다.

그렇게 나에게 사랑을 주었던 할아버지가 돌아가신 후에 나의 우울증과 무기력증이 더욱 심해졌다. 원래 가지고 있던 염세주의 사상도 한층 심각해졌다. '인생이란 무엇인가'로 시작해 '우리 할아버지는 끝내 죽도록 고생만 하시다 가셨구나.', '다 부질없다'로 끝났다.

어느 날 회사에서 아무 생각 없이 창밖을 보는데 문득 뛰어내리고 싶다는 충동에 사로잡혀 숨이 막혔다. '아 이러다간 퇴직이 아니라 세상을 하직하겠구나' 생각이 들어 회사를 정리했다. 그리곤 11년 만에 귀향했다.

돌아온 후의 일상은 '혐오' 그 자체였다. 그렇게 농사짓기 싫어서 벗어나려고 발버둥 쳤는데 여길 다시 기어들어 오다니... 비참했다. 매일 가족들과 싸웠다. 그리곤 '하기 싫은 일을 할 바엔 그냥 죽자' 결론을 내렸다.

지금은 뭐라 썼는지 기억도 안 나는 유서 한 장을 두고 백 팩에 적당한 짐을 싸서 스쿠터를 타고 나왔다. 마지막으로 친구들을 만나고 죽어야지 생각하며 나름 야심 찬 계획을 세웠다.

목사님이셨던 엄마는 자살하면 지옥에 간다고 말하면서 진도대교에서 떨어져서 시체 찾느라 다른 사람들 고생시키지 말고 잘 보이는 곳에서 죽으라고 했다. 그 말을 곱씹으면서 '난 어떻게 해야 남에게 피해를 주지 않고 죽을 수 있을까' 고민을 많이 했다.

결국 자살은 시도조차 하지 않았다. 아빠와 친구들이 마음에 걸렸기 때문이다. 사실 아빠가 진심으로 날 걱정했다고는 생각하진 않는다. 장로님으로서 아빠의 체면이 있을 테니 창피해서 죽지 말라고 했을 것이다. 아빠는 내가 나약하기 때문에 우울증에 걸린 것이라고 종종 말한다. 그리고 하나님께 기도를 드리지 않아서 우울증에 걸린 것이라고 말했다. 진정 내가 자살로 도피하는 이유는 내 정신머리가 썩었기 때문일까.

전화위복(轉禍爲福)

누구나 다 아는 요식업의 대부 백종원 대표는 모 방송에서 말하길 IMF로 인해 사업이 망하면서 빚이 17억이 생겼다고 한다. 그 상황을 못 이겨 극단적인 생각을 했다고 하며, 한국에서 죽기는 싫어 홍콩에서 멋지게 죽자 생각하며 홍콩으로 갔다고 한다.

이어 "침사추이에서 홍콩 오가는 배에서 떨어져야겠다 생각했는데, 내가 수영을 좀 해서 건져지면 망신만 당할 것 같더라. 높은 데로 올라가자 해서 고층빌딩으로 올라갔는데, 가는 데마다 막혀 있더라. 그 빌딩 사이 늘어선 식당들에는 오리가 막 걸려 있고. 그래서 먹어보는데 먹어보는 것마다 다 신기하고 맛있더라. 그래서 '안 되겠다. 내일 해야겠다'는 생각을 했고, 한 이틀 오리를 먹다 보니까 이 아이템 갖고 뭐 해봐야겠다 싶어서 한국으로 돌아왔다"고 회상했다.

이후 백 대표는 쌈밥집과 포장마차를 함께 운영하며 하루 4시간만 자면서 2년의 시간을 보냈다고 밝혔다. 그러면서 백대표는 사업이 내 생각대로 돌아가니까 재미가 들렸다고 한다. 그 이후 부를 누려서 행복한 게 아니라 이자 감당하기 시작하니까 행복했다고 한다.

극단적 선택을 하기 위해 간 홍콩에서 오히려 희망을 찾아서 한국으로 돌아온 백대표를 생각하면 나도 위기를 기회로 바꿀 수 있는 때가 지금이지 않을까 생각한다.

필사즉생, 필생즉사〈必死則生 必生則死〉

"신에게는 아직 12척의 배가 있사옵니다. 죽을힘을 다해 싸운다면 '오히려' 해볼 만합니다." 명량해전을 앞두고 선조가 이순신 장군에게 수군을 해체하라는 명을 내렸을 때 올렸던 장계의 내용 중 일부다.

'역사의 쓸모'라는 책에서 최태성 선생님은 이 '오히려'라는 말이 마법의 주문과 같다고 말씀하셨다. 무한 긍정의 의미를 담은 저 단어를 생각하며 힘을 얻는다고 했다. 긍정의 힘은 대단하다. 나는 부정적인 생각에 쉽게 매몰되는 사람이다. 우울증이라는 말을 방패 삼아 나의 생각을 늘 자기합리화하기 바빴다. 부정적인 생각을 시작할 때 그 생각을 자각하고 인지하는 힘을 길러야한다. 그리곤 이 에너지를 긍정 회로를 돌리는 곳에 사용해보자.

5

일어서는 존재

〈설상가상(雪上加霜) : 눈 위에 다시 서리가 내려 쌓인다는 뜻으로, 좋지 않은 일이 연거푸 일어난다는 뜻. 〉 내 현 상황을 이보다 더 잘 나타내는 단어가 있을까. 22년 하반기는 우주가 나에게 "너 눈치 없이 아직도 살아있니?" 하며 물어볼 정도로 악재가 겹쳤다.

이렇게 고통의 터널을 기어가는 중인 나에게 한 줌 빛이 되어주는 건 책과 글쓰기였다.

인생의 나락

나는 할머니와 둘이 산다. 할아버지가 돌아가시고 나서 많은 후회를 했다. 그래서 11년만에 귀향을 해서 할머니와 살기 시작했다. 그러던 중 할머니가 22년 5월 말에 화장실에서 넘어지셔서 대퇴골이 골절되었다. 병원에 상주 보호자로 있으면서 부정적인 기운들을 옴팡지게 쓸어 담았다. 결국 남자친구에게 6월 10일에 이별을 당했다. 나의 인생의 터닝포인트의 시작이었다. 30년을 넘게 살았는데 1년도 만나지 않은 남자친구 때문에 이렇게 많이 울 수 있구나 싶었다. 새벽마다 자살을 수십 번씩 생각하며 사시나무 떨듯이 떨면서 울었다. 결국 다니던 정신과병원에 가서 제발 3주만 재워달라고 의사 선생님께 울면서 빌기도 했다.

사실 이 연애 이전에는 인생에 미련을 가지게끔 하는 일이 거의 없었다. 그냥 이렇게 어중이떠중이처럼 살다 죽는 것도 나쁘지 않네. 생각했다. 그런데 남자친구를 만나면서 내가 백수라는 사실과 무계획적으로 인생을 살고 있는 점이 너무 창피했다. 남자친구한테 차였을 때는 내 자신이 용서가 안 될 만큼 부끄러웠다. 그리고 나서는 '나'라는 사람에 대해 생각하고 또 생각했다. 그 후 남자친구를 잊는 방법으로 병원을 떠날 수 없던 내가 선택한 것은 '책'과 '감정 일기' 쓰기였다.

2달 여 만에 할머니가 퇴원을 하셨다. 그리고 약과 책으로 정신을 좀 차리고 보니 8월에 한 유방 초음파에선 왼쪽 가슴 안에 양성종양이 3cm짜리 큰 게 들어앉아 있었다. 같은 달 자궁경부암 검사 결과는 자궁경부 이형성증 2기로 점점 암으로 변해가는 세포가 있단다. 8월에만 작은 수술을 두 번 하였고 9월 1일이 되자마자 급성위염으로 밤 중에 응급실에 몇 차례나 방문하여 링거를 맞았다. 그리고 며칠 뒤엔 한 번도 걸리지 않던 코로나에 확진되어 고열과 편도염으로 하루에 18시간을 기절해 있었다.

몰려오는 악재에 과연 얼마나 잘되려고 이렇게 시련을 몰아주시나 생각했다.

고진감래(苦盡甘來)

마르셀 프루스트의 '잃어버린 시간을 찾아서'라는 책에 '행복은 몸에 유익하지만 슬픔은 영혼의 힘을 길러준다'라는 구절이 있다. 결국 이 말은 내가 겪는 슬픔이 언젠가 다 나에게 약이 돼서 돌아온다는 말이기도 하다.

내가 읽은 책 중 가장 힘이 됐던 책은 최태성 선생님이 쓴 '역사의 쓸모'라는 책이다. 이 책에서 보면 다산 정약용은 신유박해로 가문이

폐족을 당하고 18년을 귀양살이를 했다. 그 귀양살이 동안 그는 500여 권의 책을 남기기도 했다. 그가 책을 쓴 이유는 사헌부에는 죄인 정약용으로 기록되었지만 자신이 쓴 책을 남겨 후세의 평가를 받으려 했기 때문이다. 그리고 많은 책을 쓰는 중에도 자식들에게 편지를 틈틈이 써서 보내기도 했는데 그중 인상 깊었던 내용이 있다.

"진실로 너희들에게 바라노니, 항상 심기를 화평하게 가져 중요한 자리에 있는 사람들과 다름없이 하라. 하늘의 이치는 돌고 도는 것이라서, 한번 쓰러졌다 하여 결코 일어나지 못하는 것이 아니다."

이 말은 곧 인생이 고통의 연속임을 받아들이고 그 안에서도 내가 할 수 있는 일을 해야 한다는 것이다. 정약용의 자식들은 폐족이 되었다 하더라도 정약용의 당부를 잊지 않았다. 그리하여 큰아들 정학연은 70세에 벼슬을 얻었고 정약용의 집안은 드디어 폐족을 면하게 되었다. '이 고난이 언제쯤 끝이 날까' 생각이 들 때 정약용의 편지를 떠올리며 이 고난 속에서도 할 수 있는 준비를 해야 한다. 다가올 행복을 맞이할 준비를.

칠전팔기(七顚八起)

옛날에 유행했던 만화영화 개구리 왕눈이 노래에 "비바람 몰아쳐도 이겨내고 일곱 번 넘어져도 일어나라~ 울지 말고 일어나, 피리를 불어라. 무지개 연못에 웃음꽃 핀다."라는 가사가 있다. 아무것도 하지 않으면 인생은 '0'이 아니라 '마이너스'가 된다. 하지만 실패를 두려워하지 않고 도전한다면 조금씩 확률이 올라간다.

산을 오를 때 풀과 나무를 한 번만 밟아서는 길을 낼 수 없다. 수십 번을 밟고 올라야 길이 나는 법이다. 그 전에 내가 가는 이 길이 힘든 여정이더라도 올바른 길을 선택하는 선구안을 길러보고자 한다. 그렇게 선택한 길을 가다 보면 머지않아 비상하는 날이 오리라 믿는다.

이 또한 지나가리라

한동림

우리는 각자만의 개성대로
선한 영향력을 끼치는 '문화'를 만듭니다

- 자존출판사